PARTI SOCIALISTE

(SECTION FRANÇAISE DE L'INTERNATION

XXVe CONGRÈS NATIONAL

26-27-28-29-30 Mai 1928

TOULOUSE

RAPPORTS

Prix : 3 francs

PARTI SOCIALISTE

(SECTION FRANÇAISE DE L'INTERNATIONALE OUVRIÈRE)

XXVe CONGRÈS NATIONAL

26-27-28-29-30 Mai 1928

TOULOUSE

RAPPORTS

Prix : 3 francs

PARIS
LIBRAIRIE POPULAIRE
12, Rue Feydeau, 12

1928

TABLE DES MATIÈRES

RAPPORT ADMINISTRATIF

présenté par J.-B. SÉVERAC

Secrétaire-Adjoint du Parti

Du Congrès de Lyon au Congrès de Grenoble

I

XXIVe CONGRÈS NATIONAL

(Lyon 17, 18, 19 et 20 Avril 1927)

Ordre du Jour :

1° Rapports de la Commission administrative permanente ;

2° Rapport de la Délégation du Parti à l'Internationale ;

3° Rapport de la Commission de contrôle ;

4° Rapport de la Commission Nationale des conflits ;

5° Rapport du Conseil d'administration et de direction du *Populaire* ;

6° Rapport du Groupe socialiste au Parlement ;

7° La position du Socialisme: *a)* devant les partis bourgeois ; *b)* devant le bolchevisme (doctrine et action) ;

8° Mise au point du programme d'action du Parti ;

9° Renouvellement des organismes centraux.

La position du Socialisme.

Par 2.352 mandats (contre 774 à une motion présentée par Bracke et Zyromski, 185 à une motion présentée par Maurice Maurice, avec 86 absents), le Congrès a voté la résolution suivante :

Les rapports du Parti socialiste avec d'autres partis.
Position du problème

Le 24e Congrès National du Parti socialiste félicite la C. A. P. d'avoir mis à l'ordre du jour de ses travaux l'importante question des rapports du Parti socialiste avec le Parti communiste et avec le Parti radical.

Plus de six années après la scission de Tours, il est

en effet possible de porter sur l'action et les thèses du Parti communiste un jugement fondé sur une assez longue observation.

D'autre part, l'expérience du cartel électoral de 1924, celle de la politique de soutien, celle enfin des faits politiques qui ont ramené au pouvoir le chef du Bloc national, escorté de chefs radicaux, sont de nature à justifier un nouvel examen critique du radicalisme.

Il ne s'agit pas ici de réviser les doctrines du Parti socialiste qui trouvent, chaque jour, de nouvelles confirmations dans les leçons de la réalité elle-même, ni de toucher aux règles générales de notre action, qui reste étroitement déterminée par les fins dernières du Parti.

Il s'agit seulement de demander à ces doctrines et à ces règles de définir, avec autant de prévision que possible, l'attitude de notre Parti vis-à-vis de ceux que l'histoire de ce pays et les grands événements de l'après-guerre ont remis ou mis dans notre voisinage immédiat.

SOCIALISME ET RADICALISME

Le Radicalisme et la Propriété capitaliste

Ainsi que les porte-parole les plus qualifiés du Parti Radical l'ont récemment rappelé, et ainsi que nos maîtres n'avaient jamais cessé de l'observer, le Parti Radical a toujours été et demeure, dans son principe et son essence, *un parti de conservation du régime social actuel.*

Expression politique d'une classe condamnée par les transformations et les nécessités profondes de la société présente, le Parti Radical fait le rêve utopique de sauver cette classe en défendant et en déclarant intangible le principe d'économie sociale, qui a provoqué la naissance et le développement du capitalisme moderne.

Ne pouvant cependant voir sans inquiétude la concurrence victorieuse et les progrès du grand capital, ainsi que la mainmise chaque jour plus tyrannique de la haute finance sur la vie politique du pays, il cherche parfois vainement, sous la poussée des mouvements d'opinion, à dresser contre ce mal la digue toujours fléchissante de ses aspirations démocratiques.

Mais il ne peut mieux faire. Et l'expression la plus manifeste de cette faiblesse se trouve dans son illusion que la « question sociale » peut être résolue par une entente du capital et du travail et par la lente accumulation de réformes susceptibles d'améliorer la condition des travailleurs et d'atteindre par degré à la disparition pacifique du salariat.

Du Bloc National à l'Union Nationale

S'il fallait concréter, par des exemples contemporains, ces affirmations, il nous suffirait de rappeler qu'une première fois, en novembre 1919, les faiblesses ou les complicités radicales ont permis la victoire du Bloc National, de même qu'après deux années d'hésitations et de capitulations successives, reculant toujours au moment d'agir, malgré l'inlassable pression du Parti socialiste, les chefs radicaux sont passés, avec armes et bagages, au service de ceux contre lesquels ils s'étaient dressés le 11 mai 1924.

Ainsi se dégage la contradiction interne qui déchire le radicalisme et qui explique les oscillations d'une politique qui le place tantôt à côté du conservatisme le plus agressif — quand il faut défendre la propriété capitaliste et nier la lutte des classes — tantôt à côté du monde du travail, quand il s'agit de proposer quelque réforme, de défendre la démocratie menacée ou même d'obéir à de simples considérations électorales.

Ainsi se trouve nettement définie la position du socialisme à son égard.

Le fait de la lutte des classes, le fait de la croissante suprématie du capital, la certitude qu'il ne s'agit pas d'aménager la société capitaliste actuelle, mais de briser ses cadres et d'anéantir son principe — et c'est cela que signifie la révolution — suffisent à nous remettre sans cesse en mémoire qu'il y a entre les radicaux et nous — sur ce qui est pour nous comme pour eux l'essentiel — une opposition foncière, qu'il serait puéril de dissimuler.

Points de contact entre Radicaux et Socialistes.

Certes, il peut arriver que, dans les mouvements de va-et-vient qui sont inhérents à sa nature, le Parti radical se trouve engagé dans une action de détail parallèle ou convergente à la nôtre, il peut arriver que le désir de réaliser la même réforme, la volonté de voir prendre la même mesure de défense des libertés démocratiques, fassent se joindre, pour un instant, et dans des conjectures politiques étroitement limitées, tels hommes du Parti Radical et les hommes du Parti Socialiste.

Nous ne commettrons pas la sottise de le regretter, parce que nous n'avons pas le droit de nous priver des avantages qui peuvent résulter pour le progrès des idées socialistes, de divisions et des désaccords des classes possédantes.

Mais nous ne devrons jamais oublier le *caractère accidentel* de ces rencontres et la *nature précaire* des concerts qui pourraient en résulter.

Le radicalisme a clairement montré son impuissance à aller jusqu'au bout de l'effort nécessaire à une réalisation positive de quelque importance. Et nous savons, d'autre part, que ce n'est pas dans le même esprit et avec le même élan que socialistes et radicaux peuvent aller ensemble vers la même conquête partielle : *pour les radicaux, c'est un moyen de conservation sociale et un frein aux aspirations du monde du travail ; pour nous, c'est un argument de propagande, une arme nouvelle de combat, un épisode de la marche du prolétariat vers le renversement d'un régime.*

Socialisme et Bolchévisme

Ce que « Socialisme » et « Communisme » ont de commun

Le Parti Socialiste n'est pas plus embarrassé pour définir son action quand il se tourne du côté du communisme.

Certes, il y a entre les bolchevistes et nous une *incontestable communauté* de fins doctrinales.

Comme nous, ils veulent substituer au régime actuel un régime qui laisserait à la société tout entière l'usage de ses richesses ; comme nous, ils estiment que cette substitution ne peut être faite que par une transformation révolutionnaire des rapports sociaux actuels ; comme nous, ils pensent que la lutte des classes fait de la classe ouvrière l'instrument vivant et principal de cette transformation ; comme nous en conséquence, c'est au monde du travail tout entier qu'ils s'adressent dans leur effort de propagande et de recrutement.

L'Unité prolétarienne

C'est pourquoi nous n'avons jamais cessé de penser et de dire *que les destinées — prochaines ou lointaines — du Parti Socialiste et du Parti Communiste sont de se rejoindre au sein de l'unité reconquise de la classe ouvrière,* condition de la victoire du prolétariat international. Et nous avons d'autant plus le droit de le penser et de le dire, que ce n'est pas nous qui avons brisé une unité que les générations d'hier avaient eu tant de mal à cimenter.

Mais nous avons aussi le devoir de rappeler que cette unité ne pourra se faire que lorsqu'auront disparu les désaccords qui entraînèrent sa ruine et qui n'ont fait que s'accentuer depuis. Le problème vital de l'unité ouvrière est sans doute d'ordre international, du moins quant à sa solution désirée ; mais cette solution, notre préoccupation constante est d'en connaître les obstacles et d'en préparer les voies.

Ce qui distingue les deux mouvements

Sur le plan national, le Parti Communiste et le Parti Socialiste continuent d'être commandés dans leurs relations mutuelles par des dissentiments graves qu'il ne servirait à rien de cacher.

Ils ont leur source dans la conception bolcheviste de l'action qui, par un étrange retour aux utopies d'un révolutionnarisme romantique et irrémédiablement condamné, substitue à l'action coordonnée, cohérente et libre des masses ouvrières les manœuvres d'une poignée d'agitateurs prétendant parler et réaliser en leur nom.

De là sont venues les thèses que nous avons réprouvées à Tours sur l'organisation oligarchique du Parti.

De là, les efforts souvent répétés de créer aux lieu et place de grands mouvements ouvriers, surgissant d'une crise politique profonde ou d'un désordre économique généralisé, et seuls capables d'une action vraiment révolutionnaire, des coups de force sans avenir, préparés souterrainement et dans lesquels on a trop souvent voulu suppléer à l'élan des troupes par la corruption des hommes.

De là, la cruelle indifférence ou l'hostilité insolente avec lesquelles les chefs du communisme russe ont traité et traitent encore les hommes des autres partis prolétariens et ces partis eux-mêmes.

De là, l'idée de subordonner l'action des partis communistes de tous les pays aux intérêts du gouvernement de la Russie, faussement tenu pour le dispensateur de toutes les possibilités révolutionnaires du prolétariat.

De là, l'idée que le maintien systématique d'un régime de terreur est la réalisation de la dictature prolétarienne, laquelle — dans notre pensée — n'est que le moyen passager et probablement inévitable d'assurer au travail victorieux la soumission trop lente du capitalisme vaincu et de préparer un régime stable de démocratie sociale.

De là, le vain espoir de faire la révolution sociale par la seule conquête politique du pouvoir et sans que soient réalisées ses conditions économiques et morales.

De là, enfin, le goût des bolchevistes pour les mensonges, les calomnies, les injures, les violences et aussi les manœuvres répétées dont la plus récente est celle du « *Front unique* ».

Contre la manœuvre répétée de division

Dans ces conditions et tant qu'elles seront maintenues, *le Parti socialiste ne cessera pas de mettre en garde le prolétariat contre les erreurs de la propagande et de l'action communistes.* Il n'emploiera certes jamais les tristes méthodes de ceux qu'il devra combattre. Mais il se gardera aussi, et avec le plus grand soin, de toute action organique avec eux. S'il pouvait être tenté de le faire, il lui suffirait de se souvenir que toute action de ce genre avec les diviseurs du prolétariat ne pourrait qu'aggraver les dissentiments actuels et retarder l'heure de l'unité ouvrière.

Conclusion

Ainsi, le Parti Socialiste n'a qu'à suivre tant par rapport aux communistes que par rapport aux radicaux, *la voie droite qui mène de la sûreté de ses principes à la pleine et complète autonomie de son action.*

Si les raisons qui l'éloignent des uns et des autres ne sont pas les mêmes, elles ont une égale force contraignante, et c'est ce qui détermine le XXIVe Congrès National à proclamer une fois de plus, que *le Parti Socialiste n'a à souder son action à celle d'aucune autre formation politique,* et qu'il remplira d'autant mieux sa tâche qu'il sauvegardera plus jalousement son indépendance.

Il demande donc encore une fois à tous les travailleurs de France de condamner les déprimantes campagnes d'injures, de calomnies et de division qui font obstacle aux nécessaires efforts d'unité et affaiblissent, là où elles ne le détruisent pas complètement, la magnifique force d'attraction que représente le socialisme. Il leur demande de s'éloigner des décevantes illusions entretenues par ceux qui rêvent d'accords permanents avec des partis de la bourgeoisie, en même temps que des erreurs insensées de ceux qui confondent un insurrectionalisme artificiellement déclanché qui conduit les masses ouvrières à d'irrémédiables défaites et amène la victoire de la réaction fasciste, avec la puissante idée de révolution sociale — celle-ci devant être la mission historique glorieuse, non de sectes rivales, mais d'un prolétariat *uni, discipliné, enthousiaste, sûr de lui, de la vérité de sa doctrine comme de la grandeur de son Idéal.*

L'Organisation de la Nation dans le temps de guerre.

Le Congrès décide la convocation, dans le plus bref délai possible, d'un Conseil National qui fixera la position du Parti sur les problèmes soulevés par les projets d'organisation de la Nation pour le temps de guerre et par l'ensemble des projets militaires en discussion.

Les Cotisations.

A l'unanimité, le Congrès a décidé :

1° *A partir du 1er mai, de porter de 40 à 50 centimes le prix du timbre mensuel ;*
De porter de 60 à 75 centimes le prix de la carte permanente avec règlement ;

2° *A partir du 1er janvier 1928, de supprimer la récente augmentation de 1 fr. 50 sur la carte ;*

3° *A partir du 1er juillet : de porter la cotisation des parlementaires de 3.000 à 4.500 francs : savoir : 2.400 francs au Parti ; 600 francs à la Fédération, et 1.500 francs à l'organisme qui a supporté les frais d'élection ;*

4° *De porter à 20 francs la cotisation mensuelle des élus municipaux de Paris et à 15 francs celle des conseillers généraux.*

Signalons aussi que, en adoptant le rapport de la Commission des finances, le Congrès a donné mandat au dernier Conseil national de l'année d'établir le budget de l'année suivante.

Le Désarmement.

Le Congrès a été unanime pour charger sa délégation à l'I.O.S. de soutenir la résolution suivante :

L'Internationale Ouvrière Socialiste attire l'attention de la classe ouvrière organisée et de la démocratie sur les lenteurs, les atermoiements calculés, qui sont apportés par les gouvernements dans la discussion de la limitation des armements, considérés comme première étape d'un désarmement sérieux et général qui doit de toute nécessité suivre le désarmement particulier de l'Allemagne tel qu'il a été prévu par le Traité de Versailles.

Elle affirme que le désarmement doit porter sur toutes les catégories d'armement, terrestre, naval et aérien, sur toutes les fabrications chimiques ou autres, et qu'en ces matières comme en toutes autres, les accords doivent être réalisés beaucoup plus sous l'autorité et par la décision directe de la Société des Nations, que par la voie des conventions particulières entre gouvernements dont la préoccupation reste généralement de maintenir des armements en disproportion avec la préparation d'une paix durable.

L'I.O.S. regrette que les conventions sur le trafic international des armes, sur le contrôle international des armements ne soient encore ni entrées en application ni même ratifiées par tous les gouvernements des puissances participant à la Société des Nations.

L'I.O.S. attire l'attention de toutes ses sections nationales socialistes sur la nécessité de presser les gouvernements de faire ratifier par les Parlements les mesures de désarmement prévues, et elle recommande une agitation vigoureuse par la presse et les réunions publiques pour amener l'opinion mondiale elle-même à la pression qu'il y a lieu d'exercer sur tous les gouvernements à cet égard.

Le cas Maurin.

Par 2.149 mandats (contre 683, avec 442 abstentions), le Congrès vote la résolution suivante :

Considérant que les articles portent atteinte à la dignité, à l'intérêt et à l'unité du Parti et de l'Internationale en portant contre les militants les plus respectés du socialisme international des accusations violemment calomniatrices ;

Considérant que ces attaques ont été renouvelées, bien qu'une première sanction ait été déjà prise pour des faits semblables contre le citoyen Maurin par la Commission nationale des conflits, qui l'a frappé de six mois de suspension de toute délégation au sein du Parti à dater du 12 mai 1927, et qu'il s'agit d'un acte de récidive ;

Considérant qu'il serait dangereux pour le Parti socialiste que de telles pratiques pussent se développer dans les rangs sans comporter de sanctions sévères.

Décide, par application des articles du règlement, que le citoyen Maurin sera exclu de toute délégation au sein du Parti pour une durée de deux années à partir du 1er mai 1927 et que cette sanction se confondra avec la peine de six mois d'exclusion de toute délégation déjà infligée pour d'autres faits au citoyen Maurin par la Commission nationale des conflits.

Motions diverses.

Le Congrès a voté unanimement des sympathies aux socialdémocrates autrichiens à l'occasion de leur bataille électorale ; des vœux pour la libération de Sacco et Vanzetti ; de Jover, Ascaso et Durutti ; des ouvriers arrêtés à propos du procès Szanlo-Vagi.

Le problème de l'organisation de la propagande a été renvoyé à la C. A. P.

Les organismes centraux.

C. A. P.

La C. A. P. est composée des camarades : Léon Blum, Caille, Compère-Morel, Courmont, Delépine, Février, Gaillard, Granvallet, Hubert-Rouger, Lebas, Le Troquer, Longuet, Masson, Paul Faure, Cne Saumoneau, Séverac, Uhry, Bracke, Zyromski, Graziani, Osmin, Mahler, Colliette, Farinet, Louis Lévy, Renaudel, Goude, Grumbach, Barrion, Guillevic, Kahn, Maurin (non éligible, remplacé par Talamas), Maigret.

Suppléants : Lapeyrère, Bachert, Bouyer, Frot, Blumel, Lagrange.

Noms des représentants des fédérations à la C. A. P. élargie : Bon, Bonnet, Broussillon, Hussel, Isnal, Lacroix, Mailly, Salengro, Zoretti, Havenne, Girard, Dumoulin, Gibaud, Naegelen, Fieu, Lamarque, Lagelée, Coll.

Délégation à l'Internationale

Bracke, Jean Longuet, Renaudel, assistés de Léon Blum et de Paul Faure.

Commission des conflits

Gérard, Racine, Ramadier, Rossignol, Ruillier, Luquet, citoyenne Desmasures, Drouot, Voilin.

Commission de contrôle

Citoyenne Buisson, Nantillé, Nerson, Welhoff, Boucherie, Leriche, Boin.

Conseil d'administration du « Populaire »

Blum, Courmont, Compère-Morel, Gaillard, Le Troquer, Masson, Longuet, Paul Faure, Lebas, Séverac, Bracke, Farinet, Osmin, Graziani, Fiancette, Gaston Lévy, Mauranges, Mauss, Renaudel.

II

CONSEIL NATIONAL

(Paris 26 Juin 1927)

Ratification du bureau.

Le Conseil National ratifie le Bureau nommé par le C. A. P. Savoir :

Secrétaire général : Paul Faure.
Trésorier général : Grandvallet.
Secrétaire général adjoint et secrétaire de la Sous-Commission des Archives : Séverac.
Secrétaire de la Sous-Commission des finances : Gaillard.
Secrétaire de la Sous-Commission de propagande : Compère-Morel.
Secrétaire de la Sous-Commission des conflits : Zyromski.

Commission nationale des conflits.

La Commission Nationale des Conflits est complétée par l'élection des camarades : Suzanne Buisson et Wellhoff.

Organisation de la Nation dans le temps de guerre.

Par 3.019 voix (contre 176 et 165 à la motion Maigret), le Conseil National vote la résolution suivante :

Les bouleversements apportés par la Commission du Sénat au texte de la Chambre placent le Parti devant une situation nouvelle et lui font un devoir de donner un mandat précis aux élus du Sénat et de la Chambre.

Ce mandat sera défini de la façon suivante :

Les groupes du Sénat et de la Chambre devront faire tous leurs efforts pour rétablir ou maintenir les conceptions essentielles que le Parti avait défendues au cours de la dernière guerre — conceptions qui ont été introduites dans la loi grâce à l'effort de son rapporteur et qui ont déterminé le vote unanime du Groupe parlementaire de la Chambre. Savoir :

Interdiction de mettre en jeu le mécanisme de défense nationale en dehors des cas prévus par l'article 2 ;

Réquisition des biens et des entreprises capitalistes ;

Suppression des bénéfices de guerre ;

Centralisation des services d'approvisionnement ;

Fonctionnement du Parlement ;

Egalité de tous les Français devant la guerre ;

D'autre part, en ce qui concerne les points qui ont provoqué dans le Parti et la classe ouvrière des appréhensions qu'il importe de dissiper, les Groupes socialistes du Sénat et de la Chambre écarteront toutes dispositions qui risqueraient d'être interprétées comme comportant la militarisation des femmes, la réquisition des syndicats ouvriers, comme apportant des entraves à la liberté de conscience individuelle, comme entraînant, sous prétexte de veiller au moral du pays, une diminution de la liberté d'action des organisations ouvrières et socialistes.

Dans le cas où cet effort sur tous les points indiqués ci-dessus se heurterait à la résistance victorieuse des autres partis, les Groupes parlementaires auront mandat de voter contre l'ensemble du projet de loi.

Pour le scrutin d'arrondissement.

Le Conseil National vote à l'unanimité :

Le Conseil National du Parti Socialiste S. F. I. O., réuni le 26 juin 1927, à la veille du débat sur la réforme électorale,

Mis en garde contre les manœuvres multiples que va tenter la réaction pour assurer le maintien du statu-quo,

Rappelant la décision du Conseil National du 27 février 1927 qui a fait aux élus du Parti une obligation de s'efforcer d'obtenir, à défaut de la R. P. intégrale, impossible à réaliser au cours de la législature actuelle, le rétablissement du scrutin d'arrondissement,

Compte que le groupe parlementaire déjouera toutes les tentatives qui seront faites pour empêcher ce rétablissement par l'observation de la plus stricte discipline et par l'unité de vote absolue, même contre des amendements d'apparence généreuse, mais déposés uniquement dans le but de maintenir pour les élections législatives prochaines le système actuel, et au cas où un vote par appel nominal serait provoqué à la tribune, compte sur la présence de tous les députés du Parti.

III

CONGRÈS NATIONAL EXTRAORDINAIRE

(Paris 26, 27, 28 et 29 Décembre 1927)

Budget du Parti pour 1928.

Le budget prévisionnel du Parti pour 1928, présenté par la Sous-Commission des finances de la C. A. P. est accepté par le Congrès.

Le Populaire.

A l'unanimité moins quelques voix, le Congrès décide, à l'intention du *Populaire,* une augmentation de 50 centime du prix du timbre mensuel.

Ce chiffre de cinquante centimes pourra être discuté dans un an si les conditions d'existence du journal le permettent, étant bien entendu cependant qu'il ne saurait devenir inférieur au chiffre de 25 centimes qui reste définitif.

Le programme électoral.

Le Congrès charge de la rédaction du programme électoral une Commission composée de :

Auriol, Blum, Boncour, Blumel, Bracke, Compère-Morel, Déat, Farinet, Frot, Gaillard, Grumbach, Kahn, Le Troquer, Longuet, Lebas, Lagrosillière, Maigret, Masson, Paul Faure, Pivert, Renaudel, Séverac, Zyromski.

La tactique électorale.

A l'unanimité, le Congrès vote la résolution suivante :

PREMIER TOUR

Le Parti Socialiste doit aller à la bataille dans toutes les circonscriptions.

Les fédérations qui se croiraient dans l'impossibilité — exclusivement et strictement matérielle — de le faire, devront en référer à la C. A. P. avant le 15 février, pour rechercher avec elle le moyen d'assurer l'application du principe affirmé par le Parti.

DEUXIÈME TOUR

Le Congrès fait confiance aux fédérations pour assurer le désistement au second tour, en faveur du candidat — à quelque formation politique qu'il appartienne — qui a le plus de chances de battre la réaction, et d'une façon générale, pour prendre toutes les décisions nécessaires afin d'assurer l'échec de celle-ci.

IV

LE RETOUR A LA "VIEILLE MAISON"

Au mois de juillet 1917, à l'occasion de pourparlers engagés entre notre fédération de la Loire et celle de l'Union socialiste-communiste du même département, la C. A. P. a voté la résolution suivante :

La C. A. P. enregistre avec satisfaction le résultat de regroupement socialiste qui vient de se produire dans la Loire. Elle y voit le signe d'une volonté supérieure d'unité à laquelle le Parti socialiste a toujours été fidèle depuis la triste et criminelle scission perpétrée par le bolchevisme en 1920.

Des difficultés étant survenues à ce propos dans la section de Saint-Etienne, le C.A.P. a rappelé la règle suivie en ces matières et agi dans ce sens auprès des militants de la Loire. Trois députés : Lafont, Jouhannet et Ferdinand Faure, ainsi que des élus municipaux et cantonaux, sont ainsi revenus au Parti.

Au début de 1928, Morizet, sénateur de la Seine, sa municipalité et section de Boulogne-sur-Seine, ont fait aussi leur retour à la « vieille maison ».

V

LA PROPAGANDE

Propagande orale.

Du 1er février 1927 au 1er avril 1928, nos délégués permanents ont rempli les délégations suivantes :

1° Citoyenne Saumoneau :

Haute-Saône 9 conférences, Vosges 17, Gers 8, Ille-et-Vilaine 11, Ariège 12, Basses-Alpes 14, Aude 15, Meuse 9, Nord 2, Seine 2, Seine-et-Marne 17, Dordogne 17, Cher 11, Haut-Rhin 11, Vendée 14, Orne 15, Seine-et-Oise 1.

2° Citoyen Roland :

Yonne 9, Indre 17, Puy-de-Dôme 15, Haute-Savoie 5, Gers 8, Vosges 6, Puy-de-Dôme 11, Haute-Loire 1, Aisne 13, Yonne 14, Oran 10, Alger 9, Constantine 8, Aisne 10, Seine-et-Oise 2, Oise 17, Lozère 13.

3° Citoyen Inghels :

Meuse 5, Doubs 10, Aveyron 10, Jura 8, Rhône 12, Aube 57, Aisne 18, Dordogne 1, Haute-Saône 8, Cher 4, Nièvre 10, Meurthe-et-Moselle 6, Eure-et-Loir 9, Vienne 7, Haute-Marne 3.

4° Citoyen Cabannes :

Loire-Inférieure 15, Vendée 9, Rhône 1, Creuse 11, Eure 10, Cantal 6, Haute-Vienne 13, Ardèche 12, Vaucluse 10, Lot-et-Garonne 8, Corrèze 9, Isère 6, Aveyron 13, Pas-de-Calais 8, Bouches-du-Rhône 4, Gironde 3, Aube 11, Côte-d'Or 11, Aube 6, Haute-Garonne 23.

Les élus dont les noms suivent ont participé à la propagande orale du Parti en dehors de leurs fédérations respectives :

Antonelli 2 réunions ou délégations, Auray 8, Auriol 13, Barthe 3, Barabant 1, Beauvillain 4, Bedouce 3, Benassy 13, Léon Blum 8, Fernand Bouisson 4, Brenier 4, Brigault 15, Bruguier 2, Buisset 2, Canavelli 2, Capgras 3, Cayrel 8, Chastanet 2, Chauly 6, Chaussy 4, Compère-Morel 13, Constans 4, Couteaux 6, Darme 1, Deat 40, Escoffier 1, Evrard 6, Ferdinand Faure 9, Félix 3, Fèvre 3, Février 18, Fie 5, Fontanier 21, Frot 9, Gamard 2, Goniaux 2, Goude 7, Gouin 2, Gros 5, Lebas 13, Lefebvre 4, Locquin 4, Masson 11, Marquet 9, Mistral 1, Morizet 1, Moutet 11, Nicollet 1, Nouelle 2, Parvy 4, Paul-Boncour 6, Paul Faure 31, Paulin 20, Ponard 8, Reboul 3, Renaudel 53, Georges Richard 18, Rieux 2, Hubert Rouger 4, Rémy Roux 2, Serol 2, Sizaire 2, Spinasse 6, Théo Brétin 25, Uhry 7, Valière 2, Voilin 7.

Les membres non élus de la C.A.P. ont fait, en dehors de leurs fédérations :

Bonnet 1 réunion, Bracke 12, Coliette 1, Delépine 1, Farinet 3, Gibaud 4, Grandvallet 1, Grumbach 2, Guillevic 1, Kahn 1, Léo Lagrange 4, Le Troquer 2, Louis Lévy 5, Longuet 24, Osmin 2, Séverac 5, Zyromski 19.

En outre, une réunion a été donnée dans le Morbihan par la citoyenne Buisson, de la Commission Nationale des Conflits, et une dans la Moselle, et deux dans la Meuse par le camarade Doley, secrétaire fédéral de Meurthe-et-Moselle.

Propagande écrite.

Ont été publiés :

Six fascicules de « Documentation et Propagande » (rédigés par René Cabannes) :

VI. — *Pour servir la propagande agraire ;*

VII. — *Les conditions de Moscou et le communisme français ;*

VIII. — *La nationalisation des Assurances ;*

IX. — *Aperçu sur la loi douanière ;*

X. — *Le désarmement ;*

XI. — *Pour lutter contre la vie chère.*

Ont été éditées ou rééditées, les brochures suivantes :

Léon Blum : *Bolchevisme et socialisme.*

Léon Blum : *Radicalisme et socialisme.*

Louis Gros : *La loi sur les accidents du travail.*

Jaurès - Lafargue : *Idéalisme et matérialisme dans la conception de l'histoire.*

VI

PREPARATION DES ELECTIONS

La préparation des électeurs a consisté essentiellement :

1° A veiller à la rédaction du programme ;

2° A veiller à l'application aussi rigoureuse que possible des décisions du congrès de décembre concernant la tactique électorale. A l'heure où ces lignes sont écrites, le nombre de 535 candidats du Parti au premier tour de scrutin est dépassé ;

3° A armer les candidats et les militants en mettant à leur disposition les huit brochures suivantes, spécialemen rédigées pour eux :

I. — Blumel : *L'Action socialiste au Parlement.*

II. — R. Cabannes : *A travers les scrutins.*

III. — R. Cabannes : *Quelques faits, chiffres et documents.*

IV. — *Ce qu'est le Parti socialiste.*

V. — J. Moch : *Le Parti socialiste et la politique financière.*

VI. — *Le Programme du Parti socialiste.*

VII. — Paul FAURE : *Le Socialisme dans l'action.*

VIII. — Léon BLUM : *Notre tactique électorale.*

4° A éditer des affiches et des tracts ;

5° A aider matériellement les fédérations.

VII

QUESTIONS DIVERSES

Modification dans la composition de la C. A. P.

Au cours d'élections partielles dans le département de l'Aube, la C. A. P. vote la résolution suivante :

La C. A. P. félicite les militants de la Fédération de l'Aube du bel effort de propagande qu'ils ont fourni à l'occasion de la récente campagne électorale et des résultats qu'ils ont obtenus et qui montrent que le Parti socialiste est en train de reprendre dans la vie politique du département la grande place qu'il y occupait avait Tours.

La C. A. P. estime en outre que la Fédération de l'Aube a agi dans le sens des intérêts du Socialisme et du Parti socialiste, en retirant, pour le second tour, la candidature de notre vaillant camarade Michaud, afin de ne pas risquer de voir se porter sur le nom d'un socialiste, si peu que ce soit, des bulletins de réaction politique ou de conservation sociale.

La C. A. P. compte, avec la Fédération de l'Aube elle-même, que les électeurs socialistes, fidèles aux décisions des Congrès, feront le nécessaire pour barrer la route à la réaction et, en sauvegardant à la fois les libertés ouvrières et les intérêts du prolétariat et de la République, contribueront efficacement à maintenir ou à accroître la cohésion nécessaire de la classe ouvrière, dont la majorité s'est affirmée, au premier tour, sur le nom d'un candidat du Parti communiste.

A la suite de ce vote, Renaudel ayant donné sa démission de membre de la C. A. P., il a été remplacé par le premier suppléant de sa tendance, Eugène Frot.

Au lendemain du Congrès de décembre, et comme suite aux résolutions votées par ce congrès, Mahler ayant donné sa démission de membre de l'A. P., il a été remplacé par Léo Lagrange.

Délégations en Russie.

A l'occasion d'une lettre adressée au Parti par le Comité National du 10e anniversaire de la Révolution russe, la C. A. P. a été amenée à s'occuper de la présence éventuelle de membres du Parti dans les délégations organisées par le dit Comité. Elle a voté l'ordre du jour suivant :

Saisie de la question de la participation éventuelle de membres du Parti aux délégations en Russie, organisées par le Comité du 10e anniversaire de la Révolution russe,

La C. A. P. approuve la Fédération de la Seine d'avoir décidé que ceux qui accepteraient d'entrer dans ces délégations seraient, par là-même, considérés comme s'étant mis en dehors du Parti.

La C. A. P. rappelle, à cette occasion, que le Parti est toujours prêt à participer à toute enquête en Russie qui serait faite avec les garanties et les conditions fixées par l'Internationale ouvrière socialiste.

Jeunesses laïques et républicaines.

Dans sa séance du 16 novembre 1927, et après rapport de Louis Lévy, la C. A. P. a voté l'ordre du jour suivant :

En application des décisions des congrès nationaux du Parti, la C. A. P. déclare que la qualité de membre du Parti ou des Jeunesses socialistes est incompatible avec celle de membre de la Fédération des Jeunesses laïques et républicaines.

Elle estime que si les socialistes peuvent très légitimement participer à l'action de tous groupements laïques locaux, tels que patronages et amicales laïques, il n'est point possible qu'un socialiste adhère à un groupement national qui mène une action politique différente de la nôtre et qui donne une éducation différente de celle que donnent les Jeunesses socialistes.

Relations avec la socialdémocratie allemande.

Le 25 janvier 1927, la C. A. P. a été saisie d'une lettre d'Otto Wels, président de la socialdémocratie allemande, au sujet de déclaration prêtées par la presse à notre camarade Paul-Boncour.

Sur rapport de sa sous-commission internationale, la C. A. P. autorise cette sous-commission :

1° A répondre aux socialdémocrates allemands en leur communiquant la partie du programme du Parti qui concerne le point de l'évacuation de la Rhénanie et ne subordonne cette évacuation à aucune condition préalable ;

2° A réunir dans une conférence présidée par de Brouckère des délégués de la socialdémocratie allemande et des délégués de notre Parti.

Suspension de délégation.

Dans sa sance du 15 janvier 1927, et à la suite d'une information concernant l'éventualité d'une candidature de Maurice Maurin, suspendu de toute délégation, le C. A. P. a déclaré :

1° Que la peine de suspension de délégation entraîne l'interdiction d'être candidat du Parti ;

2° Que tous les organismes du Parti doivent s'abstenir de confier à un camarade suspendu la charge de parler en leur nom.

L'affaire dite de la « serviette Maranne ».

A la suite de la publication, dans certains journaux, d'extraits de documents présentés comme ayant été trouvés dans une serviette perdu par Maranne, maire communiste d'Ivry, la C. A. P. a chargé le secrétariat de faire une enquête à ce sujet.

Les résultats de cette enquête ont été consignés dans le procès-verbal de la séance de la C. A. P. du 14 décembre, publié dans le *Populaire* du 16 décembre 1917.

Séances de la C. A. P et présences de ses membres.

Du 4 mai 1927 au 1er avril 1928, la C. A. P. a tenu 24 séances.

Ses membres y ont assisté comme suit :

Barrion 11 séances, Blum 6, Bracke 15, Caille 20, Colliette 20, Compère-Morel 17, Courmont 9, Delépine 12, Farinet 13, Février 10, Gaillard 19, Goude 11, Grandvallet 23, Graziani 21, Grumbach 16, Guillevic 16, Hubert Rouger 5, Kahn 15, Lebas 11, Le Troquer 12, Louis Lévy 22, Longuet 17, Mahler 12 (démissionnaire en janvier 1928),

Maigret 19, Masson 8, Osmin 19, Paul Faure 17, Renaudel 6 (démissionnaire fin juin 1927), Louise Saumoneau 13, Séverac 21, Talamas 20, Ubry 3, Zyromski 21, Frot 2 (titulaire à la date du 20 juillet 1927, en remplacement de Renaudel), Léo Lagrange 4 (titulaire à la date du 25 janvier 1928, en remplacement de Mahler.

Sur les 24 séances tenues par la C. A. P., trois ont été plénières. Les membres appartenant aux fédérations de province ont assisté à ces trois séances comme suit :

Léon Bon 1 séance, Bonnet 3, Fieu 2, Gibaud 3, Georges Havenne 2, Hussel 1, Isnal 2, Lacroix 3, Mailly 3, Naegelen 2, Salengro 1, Zoretti 3, Dumoulin 3.

Correspondance du Secrétariat.

Du 1er février au 1er avril 1928, le Secrétariat du Parti a expédié 6.723 lettres numérotées S/P 1 à S/P 1921 et F/E 1 à F/E 4802.

Ont été lancées (aux élus, secrétaires fédéraux, etc.), dix-sept circulaires numérotées de 64 à 81.

Le total des envois postaux de toute nature s'est élevé à 18.275.

Budget prévisionnel pour l'Exercice 1928

Rapport présenté au Congrès Extraordinaire de Décembre 1927

La C. A. P. vous propose le vote du budget pour 1928, tel qu'il est présenté par la trésorerie.

Le projet que vous avez sous les yeux présente, par rapport au budget de 1927, des différences au sujet desquelles nous donnons les explications suivantes :

RECETTES

Budget Administratif

Il est prévu 15.000 francs au lieu de 13.500 pour 20.000 cartes permanentes, mais c'est seulement en raison de l'augmentation votée par le dernier Congrès. Le chiffre des cartes permanentes, dont le placement est prévu, reste le même.

Nous maintenons également les prévisions du précédent budget pour le nombre des feuilles de cotisation et de timbres, bien que, pour 1927, nous ne paraissions pas devoir atteindre les chiffres prévus ; nous les maintenons cependant pour l'année 1928, année d'élections, où il est probable que nous aurons une augmentation sérieuse du nombre de nos adhérents.

En vertu de la décision prise par le Congrès de Lyon, le prix de la carte annuelle est ramené à 1 fr. 50, à partir du 1er janvier 1928 ; le prix des timbres mensuels reste fixé à 0 fr. 50.

Budget de Propagande

Nous inscrivons au budget une somme de 240.000 francs pour la cotisation des élus parlementaires, en application de la décision du Congrès de Lyon. Nous maintenons dans nos évaluations le nombre de cent députés ou sénateurs ; nous espérons qu'il sera dépassé.

DEPENSES

Budget Administratif

Nous augmentons les dépenses du personnel de 1.200 francs pour des frais de traduction et d'avocat conseil. Nous portons les frais d'envoi de 2.500 francs à 5.000 francs, la somme prévue précédemment ayant paru insuffisante. Nous réduisons par contre de 2.000 francs les frais de bureau, de 1.000 francs les frais de correspondance, les sommes prévues ayant été plus que suffisantes, et nous réduisons aussi de 2.000 francs les frais d'achat de matériel, étant donné que nous ne prévoyons pas de grosse dépense à faire en 1928 pour cet objet.

Une somme de 1.000 francs est inscrite en dépense pour l'amorce du Centre d'études et d'informations réclamé depuis un certain temps au Parti.

Nous augmentons de 5.000 francs nos prévisions pour les délégations internationales ; c'est, en effet, en 1928 qu'aura lieu le Congrès de l'I. O. S. 5.000 francs sont également ajoutés aux prévisions pour les cotisations internationales, la somme prévue l'année dernière ayant été insuffisante. Par contre, 2.000 francs peuvent être retranchés sur les dépenses de voyage des délégués à nos congrès nationaux, et une réduction de 5.000 francs peut être appliquée aux prévisions pour frais d'organisation des Conseils nationaux.

Budget de Propagande

Nous maintenons les chiffers précédents en ce qui concerne les délégués permanents. Nous augmentons de 500 francs les prévisions pour frais d'assurance du personnel.

Nous inscrivons au budget pour la première fois une prévision de dépense en vue du remboursement aux parlementaires des frais de déplacement que leur occasionnent les réunions de propagande faites en dehors de leur département. Naturellement, les ressources du Parti ne permettent pas de rembourser les frais de toutes ces réunions, mais nous avons pensé que lorsqu'un député a fourni au Parti le nombre de réunions pour lesquelles le groupe parlementaire s'est engagé pour chacun de ses membres, il a droit à être indemnisé des frais que lui causent les réunions faites au delà de ce nombre. Il serait injuste, en effet, que les parlementaires les plus dévoués et les plus attachés à l'œuvre de propagande se trouvent, par surcroît, les plus exposés à supporter des charges pour le service du Parti. En conséquence, si nos propositions sont acceptées, pour toute réunion faite par un parlementaire en sus de son engagement, il aura droit à une indemnité journalière de séjour de 60 francs. Nous pensons que pour la première année une prévision de 10.000 francs est suffisante pour faire face aux dépenses de cette nature. Cette somme est ajoutée à l'article : Frais de voyage et séjour, qui se trouve porté à 68.000 francs, au lieu de 58.000 pour l'année 1927 .

En ce qui concerne la propagande écrite, nous inscrivons pour la contribution du Parti aux publications nécessitées par la campagne électorale : affiches, brochures et tracts, une somme de 140.000 francs ; nous inscrivons également une somme de 5.000 francs pour l'impression de tracts qui pourraient être rendus nécessaires après la campagne électorale, suivant l'actualité.

Pour le service de documentation, nous prévoyons, ce qui n'a pu être fait les années précédentes, une somme de 6.000 francs.

Dans l'ensemble, le budget ainsi établi est équilibré : 875.120 francs tant en recettes qu'en dépenses, et nous demandons au Parti de l'accepter.

Le Rapporteur : Gaillard.

BUDGET PRÉVISIONNEL

Adopté au Congrès extra

Budget

RECETTES

A. — **Ordinaires :**	Constatées en 10 mois en 1927	Prévues en 1928
20 000 cartes permanentes. Fr.	»	15.000 »
100.000 feuilles cotisations....	274.032 25	150.000 »
Règlements.................	»	»
900.000 timbres...............	350.010 50	450.000 »
B. — **Extraordinaires :**		
Remboursement de prêts . Fr.	1.763 55	1.500 »
Intérêts fonds placés..........	12.058 27	8.200 »
Fonds Matteoti...............	1.378 70	»
Recettes diverses.............	636 »	»
Impression sténogr. du Congrès	6.600 »	6.820 »
Totaux......... Fr.	648.479 27	631.520 »

POUR L'EXERCICE 1928

ordinaire de décembre 1927

Administratif

DÉPENSES

A. — **Administratives :**	Constatées en 10 mois en 1927	Prévues en 1928	
	—	—	
Personnel ....Fr.	72.200 »	87.000 »	
Frais du Siège	32.431 90	35.000 »	
— de bureau	2.692 35	4.000 »	
— de correspondance.	4.465 30	6.000 »	
— d'envois	4.330 10	5.000 »	
— divers d'administration	155 60	1.000 »	
Frais d'archives	1.246 85	2.000 »	
Achat de matériel	1.811 »	1.000 »	
Assurance personnel....	»	500 »	
Impression cartes et timbres	5.556 30	25.000 »	
Populaire bi-mensuel ...	155.808 50	244.250 »	
			410.750 »
B. — **Congrès :**			
Délégations internationales .... Fr.	4.093 60	20.000 »	
Cotisations	38.146 80	40.000 »	
Organisation Congrès nationaux	11.353 10	15.000 »	
Voyage des délégués au Congrès nationaux....	17.320 55	20.000 »	
Voyage des délégués au Conseils nationaux....	16.151 05	17.000 »	
Organisation Conseils nationaux..............	1.846 95	3.000 »	
Délégation C. A. plénière	8.231 90	15 000 »	
Impression sténograph. Congrès	2.655 10	10 000 »	
Fonds Matteoti	1.428 70	»	
			140.000 »
TOTAUX... Fr.	381.925 65		550.750 »

BUDGET PRÉVISIONNEL

Adopté au Congrès extra

Budget de

RECETTES

C. — **Ordinaires :**	Constatées en 1927	Prévues en 1928
	—	—
Cotisations parlementaires.Fr.	130.200 »	240.000 »
Cotisations conseillers municipaux....................	1.960 »	2.400 »
Cotisations conseillers généraux......................	»	1.200 »
D. — **Extraordinaires :**		
Timbres de propagande... Fr.	3.467 60	»
Souscription des élus.........	54.675 »	»
Recettes propagande.......	190.302 60	243.600 »
Recettes administratives...	646.479 27	631.520 »
Totaux......... Fr.	836.781 87	875.120 »

POUR L'EXERCICE 1928

ordinaire de décembre 1927

Propagande

DÉPENSES

D. — **Ordinaires :**	Constatées en 1927	Prévues en 1928	
	—	—	
Délégués permanents Fr.	44.000 »	52.000 »	
Frais, voyages, séjours..	46.205 50	68.000 »	
Impression de tracts....	3.423 75	5.000 »	
Assurance des permanents..............	1.466 25	1.500 »	
Subvention de la Fédération Sportive.........	750 »	750 »	
Subvention au Conseil national mixte........	2.750 »	2.000 »	
Secrétariat du Groupe parlementaires........	16.830 »	19.000 »	
Édition et librairie......	»	20.000 »	
Service de documentation.................	2.403 60	5.000 »	
Impression de tracts, brochures, affiches pour les élections législatives....	»	140.000 »	
Centre d'études et d'informations..........	»	1.000 »	
			314.250 »
E. — **Extraordinaires :**			
Souscription pour le *Populaire* quotidien	2.924 50	»	
Organisation des manifestations............	385 »	5.000 »	
Subventions électorales.	19.270 20	5.000 »	
— pour le *Populaire* quotidien	143.592 »	»	
Subventions pour les socialistes italiens	3 000 »	»	
Souscription des élus...	54.675 »	»	
			10.000 »
Dép. propagande.....	341.675 80		324.250 »
— administratives.	381.925 65		550.750 »
		Exc. recettes.	120 »
TOTAUX... Fr.	723 601 45		875.120 »

RAPPORT DE LA TRÉSORERIE

présenté par le Citoyen J. P. GRANDVALLET

Trésorier Général

Sur l'Exercice financier

Le Congrès de Lyon ayant quelque peu bousculé l'équilibre du budget prévisionnel qui lui était présenté pour l'exercice 1927, celui-ci se solde par un excédent de recettes de 126.436 fr. 84, malgré un déficit de 41.522 francs sur les recettes administratives.

Ce déficit provient de l'exonération de l'augmentation de 0,10 prévue sur les timbres pour ceux des quatre premiers mois pris au 30 avril.

D'autre part, le nombre d'adhérents prévu ne fut pas atteint. Cette baisse d'effectifs — 13.334 — doit avoir pour cause :

1° Un recrutement plus faible que celui des trois années précédentes ;

2° La suppression d'un contact mensuel qui se produisait entre le Parti et ses adhérents au moyen du *Populaire* qui, de bi-mensuel, est devenu mensuel par décision de notre dernier Congrès ;

3° L'augmentation de la cotisation pendant la crise économique n'est peut-être pas étrangère à cette baisse, bien que le tableau du pourcentage des cotisations, que vous trouverez plus loin, démontrent que, malgré cette crise, celui-ci n'a jamais été atteint dans le passé.

Au chapitre Recettes de Propagande, nous avons la satisfaction de constater que le service de la Librairie, grâce au dévouement de notre camarade Ferretti, est la cause directe d'une recette de 9.000 francs, représentant la location des locaux nécessaires à ce service. Je crois qu'à l'avenir, nous pourrons inscrire cette somme à notre budget comme recette normale.

Au chapitre des Dépenses Administratives, vous remarquerez une économie de frais de bureau de 4.700 francs du fait de l'approvisionnement de l'année précédente, de 1.800 francs sur les frais de correspondance ; par contre, une plus-value de 2.000 francs aux frais d'envois, du fait du service de documentation, une économie de 14.000 sur l'impression de Cartes et Timbres, les adhésions ayant été moins nombreuses cette année et un stock de Cartes et Timbres ayant été constitué l'année précédente.

Enfin, le Congrès ayant supprimé la distribution d'un numéro mensuel du *Populaire*, une économie de 82.581,20 a été réalisée de ce fait.

Au chapitre Congrès, les réunions internationales ayant été moins nombreuses, 10.300 francs d'économie.

Les 6.478,40 d'excédent de dépenses aux frais de voyage sont dus à l'augmentation du tarif de transports et à une plus large représentation au Congrès.

Même observation pour les 1.505 francs d'excédent des Conseils Nationaux.

Par contre, 6.000 francs d'économie de frais de délégation à la C. A. P. Plénière, celle-ci n'ayant tenu que trois réunions au lieu de cinq.

L'impression de la sténographie du Congrès donne un excédent de dépenses de 1.143 francs.

Notre Service d'Editions et de Librairie

Ce service se développe tous les jours et atteint cette année un chiffre de vente de 118.225,95, pour 87.535,70 en 1926 et 76.501,15 en 1925.

Nous demandons à tous les adhérents du Parti de devenir de bons clients de notre Librairie, qui tient à leur disposition tous les ouvrages socialistes ou philosophiques.

Nous avons édité cette année 100.000 tracts d'appel à l'adhésion au Parti et à l'abonnement à notre *Populaire*. Ceux-ci ont été écoulés dans le cours de l'année.

Onze fascicules de documentation ont été édités et le service en a été fait gratuitement à tous les orateurs de notre Parti.

Cinq brochures de propagande furent également éditées, soit : 30.775 exemplaires. Ce sont :

La Conception Socialiste de l'Histoire (Plékanoff)	2.000
Bolchevisme et Socialisme (Blum)	13.775
Radicalisme et Socialisme (Blum)	4.000
Idéalisme et Matérialisme (Jaurès, Lafargue)	4.000
La Loi sur les Accidents du Travail (Gros)	7.000

En outre, le compte rendu du Congrès de Lyon fut tiré à 1.500 exemplaires, ce qui nous a permis d'envoyer aux Fédérations le double des exemplaires souscrits par elles.

Les rapports au Congrès de Lyon furent tirés à 4.500 exemplaires et envoyés gratuitement à nos :

3.375 sections ;
90 secrétaires fédéraux ;
90 trésoriers fédéraux ;
115 parlementaires (députés et sénateurs) ;
350 délégués au Congrès .

Budget

RECETTES

A. — **Ordinaires :**

18.188 cartes permanentes . Fr.	12.282 15	723.478 »
98.634 feuilles cotisations. . . .	289.626 »	
728 règlements.	86 95	
934.446 timbres	421.031 40	
Trop perçu	451 50	

B. — **Extraordinaires :**

Remboursement de prêts. . . Fr.	3.501 55	23.189 53
Intérêts fonds placés.	11.409 28	
Fonds Matteotti	1.578 70	
Impression sténo Congrès	6.700 »	
TOTAL. . . . . . . Fr.		746.667 53

POUR L'EXERCICE 1928

Administratif

DÉPENSES		
A. — **Administratives :**		
Personnel . . . . Fr.	86.700 »	
Frais du siège.	33.446 15	
— de bureau	1.283 95	
— de correspondance	5 202 05	
— d'envois	4.477 55	
— divers d'administration . .	440 36	380.031 81
— d'archives	1.365 65	
Achat de matériel	1.228 »	
Assurance personnel.	90 »	
Impression cartes et timbres. . .	10.816 30	
Populaire bi-mensuel	234.981 80	
B. — **Congrès :**		
Délégations internationales . Fr.	4.693 60	
Cotisations	38.146 80	
Organisation Congrès nationaux .	14.352 10	
Voyages des délégués aux Congrès nationaux	28.478 40	
Voyages des délégués aux Conseils nationaux	18.505 10	123.426 60
Organisation aux Conseils nationaux	1.424 65	
Délégation C. A. plénière	8.932 95	
Impression sténo Congrès	8.843 »	
Fonds Matteotti	50 »	
TOTAL. . . . . . Fr.		503.458 41

COMPTES ADMINISTRATIFS

Budget de

RECETTES

C. — **Ordinaires :**

Cotisations des Députés . . . Fr.	159.125 »	185.825 »
— des Sénateurs	26 700 »	
— des Conseillers munic.	3.280 »	4.015 »
— des Conseillers génér.	735 »	
Librairie, Loyer		9.000 »

D. — **Extraordinaires**

Timbres de propagande et dons .	3.900 10	82.170 10
Souscription des élus au *Populaire*	78.270 »	
Recettes propagande		281.010 10
— administratives.		746.667 53
TOTAL DES RECETTES . . Fr.		1.027.677 63

POUR L'EXERCICE 1928

Propagande

DÉPENSES

D. — **Ordinaires :**

Délégués permanents . . . . Fr.	52.800 »	142.240 00
Frais voyages, séjours.	57.608 80	
Assurance des permanents. . . .	1.466 25	
Subvention Fédération sportive .	750 »	
— Conseil national mixte	2.000 »	
Secrétariat Groupe parlementaire.	19.650 »	
Edition et Librairie	1.000 »	
Service de documentation	3.541 80	
Impression de tracts, brochures, affiches pour les élections législatives.	3.423 75	

E. — **Extraordinaires :**

Souscription *Populaire* quotidien.	2.924 50	255.541 80
Organisation des manifestations .	585 »	
Subventions électorales	19.270 20	
— *Populaire* quotidien.	146.898 »	
— socialistes italiens. .	3.000 »	
Souscriptions élus et *Populaire* .	82.114 10	
Subvention à école socialiste. . .	750 »	

Dépenses propagande	397.782 40
— administratives	503.458 41
Excédent de recettes.	126.436 82
TOTAL. . . . . . Fr.	1.027.677 63

BILAN AU 31 DÉCEMBRE 1927

ACTIF

Avoir disponible :		
En caisse. . . . . . . Fr.	11.719 70	
Compte courant 190. . .	287.237 02	
— — 17,125 .	20.250 24	
— — 259,33 .	10.185 50	
		329.392 46
Avoir sur créance :		
Dû par élus Parlement .	13.230 »	
— Cons. Mun.	360 »	
— Cons. Gén. .	465 »	
		14.055 »
Dû Féd. Oise (1921) . . .	1.459 15	
— Uhry (1919) . .	400 »	
		1 850 15
Mobilier et Divers :		
Obligations *Humanité*. .	375 »	
Matériel	20.000 »	
Bibliothèque, archives .	5.000 »	
Librairie	89.906 95	
		115.281 95
		460.579 56

PASSIF

Compte liquidation . . . . Fr.	108.225 15
Dû à Fédérations	106 55
— Cotisations 1928.	37.700 20
— Souscriptions Elus	8.510 90
— Secr. Gr. Soc. Parl.	560 »
Dette belge.	240.000 »
	395.102 80
Solde Créditeur . . .	65.476 76
	460 579 56

LIBRAIRIE

BILAN AU 31 DÉCEMBRE 1927

ACTIF			PASSIF		
Matériel	Fr.	5.214 10	Dépôts	Fr.	1.798 65
Clients		4.459 35	Parti Socialiste		78.449 75
Caisse		7.826 45	Pertes et Profits / Solde créditeur		9.658 55
Fournisseurs		766 10			
Stock		71.640 95			
		89.906 95			89.906 95

COMPTES PERTES ET PROFITS AU 31 DÉCEMBRE 1927

DÉBIT			CRÉDIT		
Frais généraux :					
Personnel	Fr.	23.171 70	A nouveau au 1er Janvier 1927	Fr.	253 05
Divers		8.240 »	Ventes		51 520 20
Chiffre d'Affaires Impôts		1.703 »			
Loyer		9.000 »			
		42.114 70			
Solde créditeur		9.658 55			
		51.773 25			51.773 25

Les tableaux comparatifs

Quelques mots sur les tableaux comparatifs :

Comme tous les ans, le tableau des cartes et timbres vous en indiquera la prise par chaque Fédération dans le cours des deux dernières années.

Le tableau de classement vous indiquera comparativement à l'année précédente les avances et les reculs de nos organisations fédérales.

Le tableau de recrutement fédéral, consulté attentivement, indiquera quelles sont les Fédérations qui savent le mieux garder dans leur rang, le maximum des recrues faites par elles en quatre ans.

Il vous montrera également les Fédérations les plus actives, ainsi que les plus passives.

Le graphique qui y est adjoint :

Indique d'un coup d'œil le recrutement annuel ainsi que les pertes par radiations, démissions ou décès.

Le tableau des prises annuelles de cartes et timbres, ainsi que le graphique qui l'accompagne, vous montrera que la cotisation se paie de mieux en mieux dans notre Parti et cela en 1927, malgré une période de chômage et de malaise économique assez accentués.

Le pourcentage atteint cette année 1927 est de 9.53 ou 953 timbres pour 100 cartes.

Les graphiques de prises mensuelles de cartes et celui des timbres vous montreront de quelle façon les adhérents de l'année précédente reprennent leur carte et paient leur cotisation de l'année courante.

C'est ainsi par exemple que sur les 111.276 adhérents de 1926 :

46.996 seulement avaient pris leur carte en janvier.

64.921 en février.

76.541 en mars, etc., etc...

L'idéal serait que le nombre des cartes prises en janvier fût égal à celui de décembre de l'année précédente. Mais si ce nombre était atteint tous les ans à fin mars, cela serait déjà un beau résultat et l'indice pour le Parti d'une santé robuste et d'une excellente administration.

Enfin, le tableau des cotisations vous renseignera sur la marche de l'augmentation des cotisations.

Pour terminer cet exposé de la marche et de la force de notre Parti, je ne pouvais mieux faire que de vous donner un tableau de nos élus par département. Malheureusement, je ne puis répondre de la véracité absolue des chiffres cités. Toutes les Fédérations ne répondent pas toujours aux questions qui leur sont posées par le siège.

La colonne des adjoints est vierge, n'ayant pas pu me procurer à temps les renseignements nécessaires ; je prie donc les secrétaires fédéraux de m'envoyer pour le Congrès les rectifications utiles.

Tableau comparatif des Cartes et Timbres 1926-1927

FÉDÉRATIONS	FEUILLES Cotisations annuelles	TIMBRES	FEUILLES Cotisations annuelles	TIMBRES
	Au 31 Décembre 1926		Au 31 Décembre 1927	
Ain	570	5.352	405	3.900
Aisne	578	4.919	700	3.7[illegible]3
Algérie	500	3.900	420	4.100
Allier	1.500	12.000	1 200	10.000
Alpes-Maritimes	300	2.500	200	2.400
Ardennes	1.150	9.502	997	8.838
Ariège	400	3.700	335	4.090
Aube	425	4.293	515	4.810
Aude	2.335	20.930	1 931	19.494
Ardèche	740	7.875	635	7.148
Aveyron	584	5.460	465	4.920
Bouches-du-Rhône	3.775	45.388	4 720	46.640
Basses-Alpes	500	3.600	350	2.370
Basses-Pyrénées	460	3.700	398	3.500
Bas-Rhin (Strasbourg)	2.400	26 000	2.170	23.428
Calvados	259	1.449	235	2.200
Cantal	340	2.600	325	3 845
Charente	641	4.511	524	3 908
Charente-Inférieure	1.085	11.350	892	8.450
Cher	210	2.520	200	2.890
Constantine	480	4.450	450	2 7[illegible]0
Corrèze	540	4.600	400	1 920
Corse	296	2.644	170	1.628
Côte-d'Or	950	7.831	875	8.826
Côtes-du-Nord	475	3.550	330	3.232
Creuse	1.150	10 750	1.200	10.000
Dordogne	686	5.440	525	4.451
Doubs	400	2 310	330	2 510
Drôme	400	4 001	470	4.000
Deux-Sèvres	590	6.390	500	4.882
Eure	386	2.545	448	3.879
Eure-et-Loir	115	1.200	160	1.218
Finistère	2.510	25 287	1.809	18.700
Gard	1.700	18.308	1.425	14.977
Gers	560	6.450	650	7.288
Gironde	4.700	35.500	4.105	35 200
Guadeloupe	—	—	—	—
Haute-Garonne	2.500	10.600	1.750	17.760
Hérault	2.550	27.600	2.540	27,000
Hautes-Alpes	250	2.475	382	3 150
Haute-Loire	8	40	—	—
Haute-Marne	181	710	168	1.540
Hautes-Pyrénées	210	2 100	160	1 500
Haut-Rhin (Belfort)	817	4.784	500	4.094
Haut-Rhin (Mulhouse)	2.500	27.000	2.000	23 000
Haute-Saône	780	9.400	800	5.940
Haute-Savoie	900	5.900	300	4 000
Haute-Vienne	3.400	31.250	2.350	23.750
Isolés	60	218	51	603
Ille-et-Vilaine	835	6.590	610	4.680

Tableau comparatif des Cartes et Timbres 1926-1927

FÉDÉRATIONS	FEUILLES Cotisations annuelles	TIMBRES	FEUILLES Cotisations annuelles	TIMBRES
	Au 31 Décembre 1926		Au 31 Décembre 1927	
Indre	460	4.970	500	2.450
Indre-et-Loire	877	7.590	697	7.274
Isère	2.250	19 265	1.855	16.370
Jura	815	8.960	800	8.000
Landes	287	2 700	201	1.260
Loir-et-Cher	710	6.287	700	7.611
Loire	417	4.430	659	5.590
Loire-Inférieure	780	7.000	760	7.560
Loiret	382	3.700	370	3.760
Lot	1.024	11.297	725	7.890
Lot-et-Garonne	277	2.172	310	2.550
Lozère	403	4.756	354	4.884
Martinique	1.640	3.000	316	2.705
Maine-et Loire	350	3.437	250	2.140
Manche	140	873	140	1.200
Marne	1.290	8.281	1.320	10.750
Maroc	570	6.840	247	2.570
Meurthe-et-Moselle	530	4 213	350	2.100
Meuse	276	2.410	150	1.200
Moselle (Metz)	115	1 822	110	2`130
Morbihan	650	4 862	600	4.980
Mayenne	24	96	25	300
Nièvre	428	4 300	575	4.498
Nord	13.000	120.500	12 000	110.000
Oise	1.000	6.800	950	6.625
Oran	250	2.000	375	2.800
Orne	275	2.050	350	3.276
Pas-de-Calais	5 700	44.050	4.300	35.000
Puy-de-Dôme	2 350	22.650	2.300	23.360
Pyrénées-Orientales	371	3.696	490	4.829
Rhône	2.850	24 000	2.450	25.000
Saône-et-Loire	3 700	35.500	3.000	28.000
Sarthe	420	4.245	362	4.000
Savoie	750	7.300	505	5.350
Seine	5.050	50.000	5.200	50.000
Seine-et-Marne	1.047	6.973	929	7 602
Seine-et-Oise	2.000	17.000	2.005	19.500
Seine-Inférieure	744	7.800	730	6.000
Sénégal	—	—	—	—
Somme	915	8 950	950	8.705
Tarn	1.475	17.875	1.521	17.165
Tarn-et-Garonne	500	4.500	400	3.850
Tunisie	200	2.000	250	2.100
Tonkin	43	516	—	—
Var	1.840	21.025	1.435	17.072
Vaucluse	700	6 500	600	5.500
Vendée	370	3 750	405	3.940
Vienne	270	2.730	265	2.370
Vosges	830	8.175	695	5.224
Yonne	335	2.800	348	3.135

TABLEAU DE CLASSEMENT EN 1926

Représentées par plus de 41 mandats	Ayant plus de 1.000 adhérents	Ayant de 500 à 999 adhérents
1. Nord.	1. Nord.	30. Côte-d'Or.
2. Seine.	2. Pas-de-Calais.	31. Somme.
3. Bouch.-du-Rhône	3. Seine.	32. Haute-Savoie.
4. Pas-de-Calais.	4. Gironde.	33. Indre-et-Loire.
5. Saône-et-Loire.	5. Bouch.-du-Rhône	34. Ille-et-Vilaine.
6. Gironde.	6. Saône-et-Loire.	35. Vosges.
7. Haute-Vienne.	7. Haute-Vienne.	36. Haut-Rhin (Belfort)
8. Hérault.	8. Rhône.	37. Jura.
9. Ht-Rhin (Mulhouse)	9. Hérault.	38. Haute-Saône.
10. B.-Rhin (Strasbourg)	10. Finistère.	39. Loire-Inférieure.
11. Finistère.	11. Ht-Rhin (Mulhouse)	40. Savoie.
12. Rhône.	12. Haute-Garonne.	41. Seine-Inférieure.
13. Puy-de-Dôme.	13. Bas-Rhin.	42. Ardèche.
14. Var.	14. Puy-de-Dôme.	43. Loir-et-Cher
15. Aude.	15. Aude.	44. Vaucluse.
16. Haute-Garonne.	16. Isère.	45. Dordogne.
17. Isère.	17. Seine-et-Oise.	46. Morbihan.
18. Gard.	18. Var.	47. Charente.
19. Tarn.	19. Gard.	48. Deux-Sèvres.
20. Seine-et-Oise.	20. Martinique.	49. Aisne.
21. Allier.	21. Allier.	50. Maroc.
	22. Tarn.	51. Ain.
	23. Marne.	52. Gers.
	24. Creuse.	53. Corrèze.
	25. Ardennes.	54. Aveyron.
	26. Charente-Infér.	55. Meurt.-et-Moselle
	27. Seine-et-Marne.	56. Tarn-et-Garonne.
	28. Lot.	57. Algérie.
	29. Oise.	58. Basses-Alpes.

Nombre des Sections : 3.323.

TABLEAU DE CLASSEMENT EN 1927

Représentées par plus de 41 mandats	Ayant plus de 1.000 adhérents	Ayant de 500 à 999 adhérents
1. Nord.	1. Nord.	23. Ardennes.
2. Bouch.-du-Rhône	2. Seine.	24. Somme.
3. Seine.	3. Bouch.-du-Rhône	25. Oise.
4. Gironde.	4. Pas-de-Calais.	26. Seine-et-Marne.
5. Pas-de-Calais.	5. Gironde.	27. Charente-Infér.
6. Saône-et-Loire.	6 Saône-et-Loire.	28. Côte-d'Or.
7. Hérault.	7. Haute-Vienne.	29. Jura.
8. Rhône.	8. Hérault.	30. Haute-Saône.
9 Haute-Vienne.	9. Rhône.	31. Loire-Inférieure.
10. B.-Rhin (Strasbourg)	10. Puy-de-Dôme.	32. Seine-Inférieure.
11 Puy-de-Dôme.	11. Bas-Rhin.	33. Lot.
12. Ht-Rhin (Mulhouse)	12. Seine-et-Oise.	34. Loir-et-Cher.
13. Seine-et-Oise.	13. Ht-Rhin (Mulhouse)	35. Aisne.
14. Aude.	14. Aude.	36. Indre-et-Loire.
15. Finistère.	15. Isère.	37. Vosges.
16. Haute-Garonne.	16. Finistère.	38. Loire.
17. Tarn.	17. Haute-Garonne.	39. Gers.
18. Var.	18. Tarn.	40. Ardèche.
19. Isère.	19. Var.	41. Ille-et-Vilaine.
20. Gard.	20. Gard.	42. Vaucluse.
	21. Marne.	43. Morbihan.
	22. Allier.	44. Nièvre.
	22 *bis*. Creuse.	45. Dordogne.
		46. Charente.
		47. Aube.
		48. Savoie.
		49. Deux-Sèvres.
		50. Ht-Rhin (Belfort).
		51. Indre.

Nombre de sections : 3.398

TABLEAU DE RECRUTEMENT FÉDÉRAL

FÉDÉRATIONS	RECRUTEMENT 1	2	ADHÉRENTS 3	4	GAINS 5	PERTE 6
	en 1927	en 4 ans	en 1923	en 1927	en 4 ans	en 4 ans
Ain	20	640	375	405	30	610
Aisne	230	778	446	700	254	524
Algérie	—	620	200	420	220	400
Allier	50	1.350	800	1 200	400	950
Alpes-Maritimes	—	305	35	200	165	140
Ardennes	96	989	736	997	261	728
Ariège	70	600	30	335	305	295
Aube	235	520	350	515	165	355
Aude	190	2.666	705	1.931	1.226	1.440
Ardèche	51	1 055	20	635	615	440
Aveyron	51	599	250	465	215	384
Bouches-du-Rhône	1 150	5 640	2.620	4.720	2.100	3.540
Basses-Alpes	100	1.150	9	350	341	809
Basses-Pyrénées	30	594	36	398	362	232
Bas-Rhin (Strasbourg)	3.200	4 100	1.500	2 170	670	—
Calvados	25	418	65	235	170	250
Cantal	100	480	50	325	275	205
Charente	80	789	100	524	424	365
Charente-Inférieure	60	1.044	405	892	487	557
Cher	14	154	200	200	—	154
Constantine	140	725	—	450	450	275
Corrèze	—	730	100	400	300	430
Corse	10	471	1	170	169	302
Côtes-d'Or	225	1 255	145	875	730	525
Côtes-du-Nord	30	655	300	330	30	625
Creuse	200	1.650	400	1.200	800	750
Dordogne	30	830	150	525	375	455
Doubs	103	438	100	330	230	208
Drôme	—	591	210	470	260	331
Deux-Sèvres	50	655	175	500	325	330
Eure	205	682	140	448	308	374
Eure-et-Loir	20	130	115	160	45	85
Finistère	250	2.650	1.600	1 809	209	2.441
Gard	200	1 793	800	1.425	625	1.168
Gers	291	925	100	650	550	375
Gironde	400	5 700	1.500	4.105	2.605	2.090
Haute-Garonne	175	2 945	532	1.750	1.218	1 727
Hérault	850	4.070	1.756	2 540	784	2.286
Hautes-Alpes	125	490	100	332	232	258
Haute-Loire	—	18	—		—	18
Haute-Marne	120	376		168	168	208
Hautes-Pyrénées	—	250	20	160	140	110
Haut-Rhin (Belfort)	—	901	—	500	500	401
Haut-Rhin (Mulhouse)	—	1.000	1.500	2.000	500	500
Haute-Saône	—	1 433	434	800	366	1.067
Haute-Savoie	—	760	100	300	200	560
Haute-Vienne	100	3 455	2 000	2.550	550	2 905
Ille-et-Vilaine	—	870	250	610	360	510

TABLEAU DE RECRUTEMENT FÉDÉRAL

FÉDÉRATIONS	RECRUTEMENT 1	2	ADHÉRENTS 3	4	GAINS 5	PERTE 6
	en 1927	en 4 ans	en 1923	en 1927	en 4 ans	en 4 ans
Indre	260	610	150	500	350	260
Indre-et-Loire	—	881	415	697	282	599
Isère	100	2.264	1.162	1.885	693	1 531
Jura	30	1 090	—	800	800	290
Landes	—	367	—	201	201	166
Loir-et-Cher	200	810	200	700	500	310
Loire	350	854	139	659	520	334
Loire-Inférieure	150	943	530	760	230	713
Loiret	50	386	92	370	278	108
Lot	80	509	156	725	569	—
Lot-et-Garonne	50	448	119	310	191	257
Lozère	75	616	—	354	354	262
Martinique	—	1.900	—	316	316	1 584
Maine-et-Loire	—	340	315	250	—	405
Manche	12	101	50	140	90	11
Marne	425	1.757	380	1.320	940	817
Maroc	80	614	—	247	247	367
Mayenne	10	38	—	25	25	13
Meurthe et-Moselle	80	838	50	350	300	538
Meuse	50	308	25	150	125	713
Moselle (Metz)	20	190	20	110	90	218
Morbihan	60	730	120	600	480	250
Nièvre	180	567	266	575	309	258
Nord	1.700	10700	8.000	12000	4 000	6 700
Oise	250	1 300	700	950	250	1.050
Oran	250	450	—	375	375	75
Orne	145	355	200	350	150	205
Pas-de-Calais	702	4.752	4 250	4.300	50	4.702
Puy-de-Dôme	500	2.945	1.355	2 300	945	2.000
Pyrénées-Orientales	127	763	120	490	370	393
Rhône	282	3.185	1.154	2.450	1 296	1.889
Saône-et-Loire	200	4 447	928	3 000	2.072	2.375
Sarthe	20	180	300	362	62	118
Savoie	50	1.120	—	505	505	615
Seine	400	5.596	2.605	5 200	2.595	3 001
Seine-et-Marne	140	1 500	645	929	284	1 216
Seine-et-Oise	480	2.420	835	2.005	1.170	1.250
Seine-Inférieure	130	845	410	730	320	525
Somme	10	1 253	430	650	520	733
Tarn	366	1.596	652	1.521	869	727
Tarn-et-Garonne	50	584	100	400	300	284
Tunisie	100	850	50	250	200	150
Var	90	2.190	1 020	1.485	415	1.775
Vaucluse	100	855	200	600	400	455
Vendée	120	479	144	405	261	218
Vienne	40	234	230	265	35	99
Vosges	140	1.171	470	695	225	946
Yonne	98	525	—	348	348	177

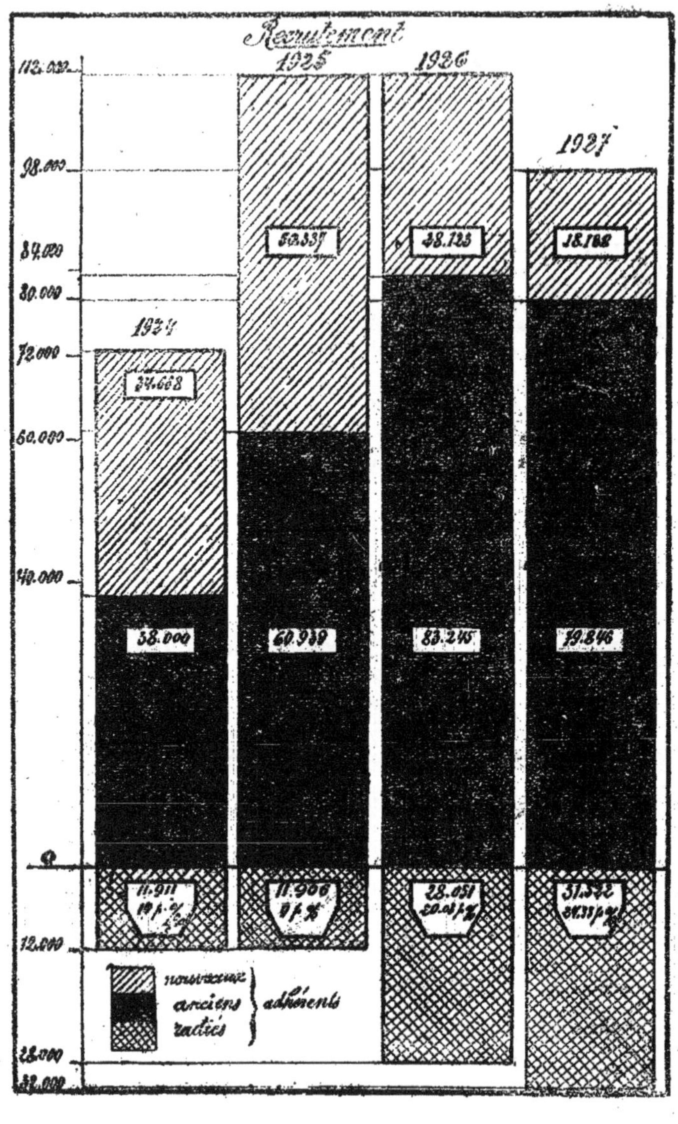

Recrutement
1924
1925
1926
1927
112.000
98.000
84.000
80.000
72.000
60.000
40.000
0
12.000
28.000
32.000
34.668
52.337
28.123
18.162
38.000
60.939
83.245
79.846
11.911
19 p.%
11.906
9 p.%
28.051
20.08 p.%
31.542
nouveaux
anciens
radiés
adhérents

Prise annuelle de Cartes et Timbres

ANNÉES	NOMRRE		TIMBRES PRIS POUR	
	de Cartes	de Timbres	100 Cartes	Une Carte
1905........	34.688	90.910	262	2.62
1906........	40.000	334.076	835	8.35
1907........	52.913	337.428	637	6.37
1908........	56 963	439.156	770	7.70
1909........	57.977	452.572	780	7.80
1910........	69 085	534.986	774	7.74
1911........	69.578	553.065	795	7.95
1912........	72.692	581.191	799	7.99
1913........	75.192	626.511	833	8.33
1914........	93.218	576.184	618	6.18
1915........	25.393	146.779	578	5.78
1916........	25.879	194.577	751	7 51
1917........	28.224	222.298	787	7.87
1918........	15.827	145.490	919	9.19
1919........	133.277	891.076	668	6.68
1920........	179.787	1.417.168	788	7.88
1921........	50.449	372.694	738	7 38
1922........	49.174	374.805	762	7.62
1923........	50.496	402.373	796	7.96
1924........	72.659	605.147	832	8.32
1925........	111.276	924.098	830	8.30
1926........	111.368	1.018.578	914	9.14
1927........	98.034	934.446	953	9.53

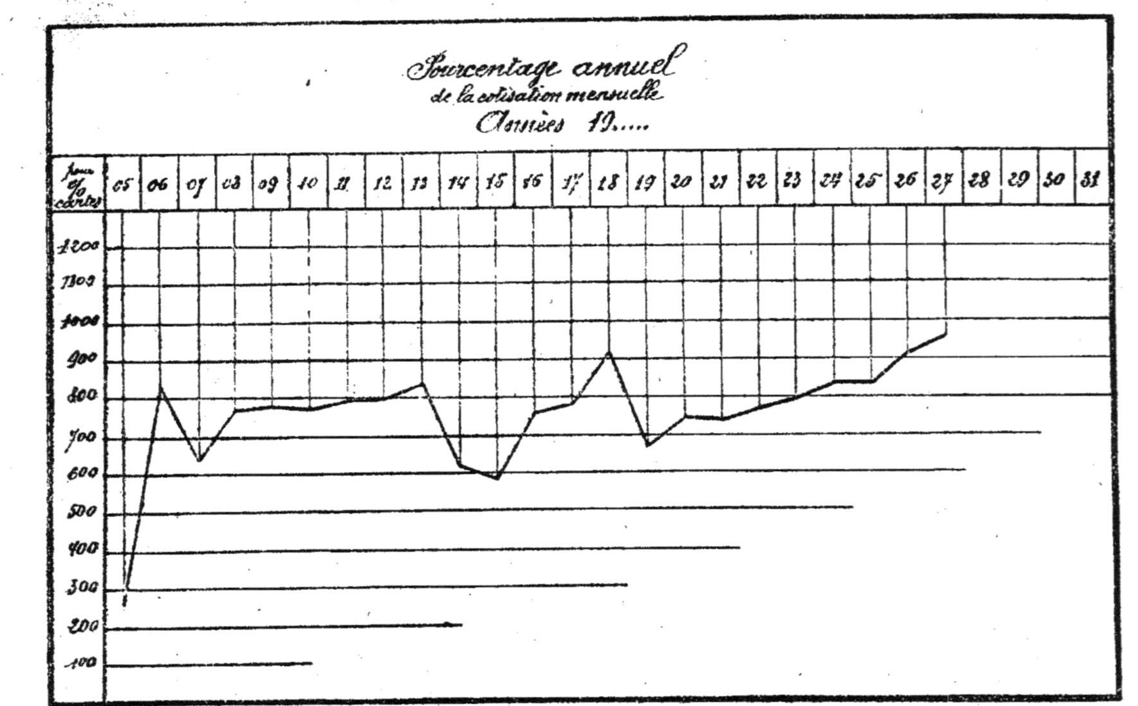

Pourcentage annuel
de la cotisation mensuelle
Années 19....
05 06 07 08 09 10 11 12 13 14 15 16 17 18 19 20 21 22 23 24 25 26 27 28 29 30 31
1200
1100
1000
900
800
700
600
500
400
300
200
100

TAUX DES COTISATIONS

Années	Cartes	Timbres	Cotisation annuelle	Sénateurs et Députés		Conseillers Municipaux		Conseillers Généraux		C. P. à adhésion
				Cotisation mensuelle	Cotisation annuelle	Cotisation mensuelle	Cotisation annuelle	Cotisation mensuelle	Cotisation annuelle	
1905	0.25	0.03	0.61	10	120	10	120	—	—	—
1906	—	0 05	0.85	—	—	—	—	—	—	—
1907	—	—	—	100	1.200	—	—	—	—	—
1921	0.50	0.15	2.30	—	—	—	—	—	—	—
1922	—	0.25	3.50	—	—	—	—	—	—	—
1923	—	—	—	—	—	—	—	—	—	0 50
1925	1.50	0.40	5.30	—	—	—	—	—	—	0.60
1927	3 »	0.50	9 »	200	2.400	240	240	15	180	0.75
1928	1.50	1 »	13 50	—	—	—	—	—	—	—

NOTA. — La Carte permanente ou d'adhésion est délivrée au prix de revient.

Prise mensuelle
des
Cartes

160.000
150.000
140.000
130.000
120.000
110.000
100.000
90.000
80.000
70.000
60.000
50.000
40.000
30.000
20.000
10.000

Janvier
Février
Mars
Avril
Mai
Juin
Juillet
Août
Sept.
Octobre
Nov.
Déc.

1926
1925
1927
1924
1923

26
25
27
24
23

Prise mensuelle des Timbres

Janvier | Février | Mars | Avril | Mai | Juin | Juillet | Août | Sept. | Oct. | Nov. | Déc.

TABLEAU DES ELUS

FÉDÉRATIONS	Députés	Sénateurs	Conseill. Gén.	Cons. d'Arrond.	Maires	Adjoints	Conseill. Mun.	Sections
Ain	1	»	2	2	3	»	36	25
Aisne	»	»	»	2	4	»	96	26
Algérie	»	»	»	»	»	»	10	12
Allier	3	»	7	10	14	»	161	50
Alpes-Maritimes	»	»	»	»	»	»	8	10
Ardennes	»	»	1	»	12	»	197	30
Ariège	»	»	»	»	»	»	19	21
Aube	»	»	»	4	5	»	51	26
Aude	1	»	2	»	10	»	178	74
Ardèche	1	»	2	»	4	»	44	24
Aveyron	»	»	»	4	7	»	134	22
Bouches-du-Rhône	6	»	13	10	10	»	179	51
Basses-Alpes	2	»	2	»	13	»	102	39
Basses-Pyrénées	»	»	»	»	»	»	20	14
Bas-Rhin (Strasbourg)	2	»	6	3	2	»	56	34
Calvados	»	»	»	»	5	»	44	12
Cantal	1	»	1	»	1	»	24	14
Charente	»	»	»	»	4	»	43	17
Charente-Inférieure	1	»	1	»	1	»	37	26
Cher	»	»	»	»	6	»	57	12
Constantine	»	»	»	»	»	»	2	10
Corrèze	1	»	1	»	1	»	55	17
Corse	»	»	»	»	1	»	4	11
Côte-d'Or	1	»	1	»	13	»	83	34
Côtes-du-Nord	»	»	»	»	»	»	15	20
Creuse	1	»	1	»	11	»	144	62
Dordogne	»	»	»	»	4	»	24	29
Doubs	»	»	»	»	»	»	15	18
Drôme	1	1	2	»	6	»	72	22
Deux-Sèvres	1	»	»	»	2	»	50	21
Eure	»	»	»	»	2	»	14	19
Eure-et-Loire	»	»	»	»	»	»	2	6
Finistère	2	»	3	»	13	»	249	118
Gard	2	1	2	»	61	»	567	88
Gers	»	»	»	»	3	»	46	35
Gironde	2	»	7	4	14	»	279	103
Guadeloupe	»	»	»	»	»	»	»	1
Haute-Garonne	4	»	9	8	14	»	148	53
Hérault	2	1	4	1	21	»	307	118
Hautes-Alpes	1	»	1	»	3	»	26	13
Haute-Loire	»	»	»	»	»	»	»	2
Haute-Marne	»	»	»	»	»	»	35	5
Hautes-Pyrénées	»	»	»	»	»	»	2	9
Haut-Rhin (Belfort)	»	»	»	»	»	»	11	25
Haut-Rhin (Mulhouse)	»	»	2	»	10	»	240	44
Haute-Saône	»	»	2	»	9	»	106	42
Haute-Savoie	1	»	»	»	2	»	37	23
Haute-Vienne	5	4	7	2	43	»	628	115
Ille-et-Vilaine	»	»	1	»	1	»	32	19
Indre	1	1	»	»	»	»	21	16

TABLEAU DES ÉLUS (Suite)

FÉDÉRATIONS	Députés	Sénateurs	Conseill. Gén.	Cons. d'Arrond.	Maires	Adjoints	Conseill. Mun.	Sections
Indre-et-Loire	2	»	2	»	3	»	52	30
Isère	3	»	6	»	12	»	208	77
Jura	1	»	»	»	4	»	101	26
Landes	»	»	»	»	3	»	21	9
Loir-et-Cher	1	»	1	»	2	»	27	17
Loire	4	»	3	1	4	»	50	21
Loire-Inférieure	»	»	2	1	2	»	90	14
Loiret	1	»	»	»	1	»	30	8
Lot	1	»	1	1	6	»	86	49
Lot-et-Garonne	»	»	1	»	2	»	11	18
Lozère	»	»	»	»	2	»	24	18
Maroc	»	»	»	»	»	»	»	8
Martinique	»	»	4	»	3	»	72	11
Maine-et-Loire	»	»	»	»	»	»	12	8
Manche	»	»	»	»	1	»	18	10
Marne	1	»	1	»	5	»	77	45
Meurthe-et-Moselle	»	»	»	1	1	»	5	18
Meuse	»	»	»	»	»	»	8	7
Moselle (Metz)	»	»	»	»	»	»	8	7
Morbihan	»	»	»	»	2	»	26	19
Mayenne	»	»	»	»	»	»	»	1
Nièvre	3	»	7	3	9	»	52	24
Nord	9	»	17	2	99	»	1.093	245
Oise	1	»	3	»	6	»	121	33
Oran	»	»	»	»	»	»	»	9
Orne	»	»	»	»	5	»	25	12
Pas-de-Calais	4	»	2	»	62	»	954	134
Puy-de-Dôme	1	1	13	7	12	»	215	83
Pyrénées-Orientales	1	»	6	9	7	»	69	9
Rhône	5	1	7	»	12	»	218	64
Saône-et-Loire	5	»	8	18	47	»	538	108
Sarthe	»	»	1	»	2	»	20	17
Savoie	»	»	3	7	4	»	64	40
Seine	1	4	10	»	17	»	452	94
Seine-et-Marne	1	»	1	»	5	»	61	74
Seine-et-Oise	»	»	1	1	7	»	221	97
Seine-Inférieure	1	»	1	»	5	»	69	25
Somme	»	»	2	2	5	»	130	37
Tarn	2	»	4	7	14	»	229	36
Tarn-et-Garonne	1	»	»	»	»	»	11	20
Tunisie	»	»	»	»	»	»	»	6
Tonkin (Groupe isolé)	»	»	»	»	»	»	»	1
Vaucluse	1	»	1	3	4	»	92	22
Vendée	»	»	»	»	1	»	14	17
Vienne	»	»	3	1	1	»	31	8
Vosges	»	»	»	»	4	»	68	22
Var	3	1	9	1	24	»	258	66
Yonne	»	»	1	»	1	»	1	17
TOTAL	97	15	201	115	741	»	10.634	3898

RAPPORT DE LA COMMISSION DE CONTROLE

La Commission de contrôle nommée au Congrès de Lyon vous apporte le résultat de ses observations sur les opérations de trésorerie.

Ses travaux, cette année-ci, ont été suivis d'une façon assez active par la plupart de ses membres. C'est un résultat appréciable digne d'être souligné.

Nous nous sommes efforcés de tenir une réunion chaque mois, et avons suivi toutes les opérations financières du trésorier. Les différents livres et pièces de comptabilité ont été minutieusement examinés.

Les pointages et les vérifications auxquels nous nous sommes livrés n'ont révélé aucune erreur, et nous ont fait constater la bonne tenue de la trésorerie. Toutes les opérations effectuées sont d'une régularité parfaite, et nous ne pouvons que rendre hommage à l'exactitude et au zèle de notre camarade Grandvallet.

Bien que le rapport financier en fasse mention, nous croyons devoir attirer l'attention du Congrès sur la situation prospère de la librairie. Dans ces dernières années, l'amélioration a été continue, et cette année, les résultats sont particulièrement encourageants.

En effet, malgré une augmentation assez sensible des frais généraux, et la prise en charge complète du loyer occupé par ce service, le solde créditeur accuse le chiffre de 9.658 fr. 55.

Le montant du bénéfice sur ventes s'élève à 51.520 fr. 20, contre 32.001 fr. 05 en 1926.

Ces résultats sont dus au dévouement de notre camarade Ferretti, dont la modestie ne doit pas nous masquer les efforts méritoires qu'il accomplit.

Nous signalerons le fléchissement du nombre des adhérents, du reste prévu, à deux mille près, dans le budget prévisionnel de 1927. En revanche, on peut constater que si le recrutement a fléchi, le nombre de ceux qui nous sont demeurés fidèles s'est accru.

Le nombre des timbres délivrés est, en effet, supérieur aux prévisions, et peu sensiblement inférieur à celui de l'exercice 1926.

Il ressort en moyenne à 9,53 par carte délivrée, proportion qui n'a pas encore été atteinte.

C'est une constatation réconfortante qui nous indique la force attractive de la doctrine et de l'action de notre Parti, exemptes l'une et l'autre de démagogie et soucieuses de réalisations, attachant les néophytes et les préparant à suivre les traces glorieuses de nos maîtres.

Nul doute que 1928, année de luttes électorales, ou la vie politique sera particulièrement intense, ne nous apporte des contingents accrus, contribue à consolider les positions acquises et à reprendre le développement de nos effectifs.

Au moment de l'établissement du présent rapport, les prises de cartes sont d'ailleurs plus élevées qu'à pareille époque en 1927, malgré les difficultés créées par les augmentations votées au dernier Congrès.

Cette dernière considération doit être une des raisons de la multiplicité des commandes que les fédérations adressent à la trésorerie. Nous nous permettons de leur demander de faire tous les efforts pour ne pas les morceler ainsi à l'infini, mais, au contraire, de les grouper le plus possible afin de ne pas surcharger par trop le travail du siège central.

Au point de vue du remboursement des prêts consentis par le Parti, la situation est satisfaisante. Les engagements qui avaient été pris ont été tenus, et à l'heure actuelle, l'arriéré est très faible.

Pour les élus parlementaires, les retards sont plus importants que l'an passé.

Nous pensons que l'augmentation de la cotisation depuis le 1er juillet 1927 n'est pas étrangère à cette situation, mais il convient, en toute cordialité, d'indiquer aux élus que les obligations imposées aux membres du Parti doivent être observées par tous.

Il en est de même pour quelques élus municipaux dont le retard est assez sérieux.

Enfin, l'obligation récente, faite aux conseillers généraux, du versement d'une cotisation, n'a pas été suivie par tous, plusieurs n'ont rien versé encore, et l'un d'entre eux s'y refuserait.

Le Congrès devra donner son sentiment sur ces observations relatives au respect des décisions.

Nous lui demandons de se joindre à la commission de contrôle pour approuver le rapport de la trésorerie.

Pour la Commission,

Le Secrétaire : R. NAUTILLÉ.

Rapport de la Commission Nationale des Conflits

Depuis le Congrès de Lyon, la Commission Nationale des Conflits s'est réunie sept fois, les 11 mai, 19 mai, 26 juin, 3 août, 22 décembre 1927 et les 13 février et 19 mars 1928.

Elle a été saisie d'un certain nombre de conflits dont quelques-uns n'ont pas encore reçu de solutions à l'heure où ce rapport est rédigé.

I. — Appel du citoyen Chauvine contre la décision de la Loire, le frappant d'exclusion. Cette sentence est rapportée ; le rapport adopté par la Commission Nationale des Conflits conclut au blâme contre Chauvine pour indiscipline et blâme également certains citoyens qui se sont laissés aller à frapper Chauvine, alors que celui-ci était blessé. (Rapporteur Gérard).

Une deuxième demande d'exclusion contre Chauvine est renvoyée à la Commission des Conflits de la Loire.

II. — Appel des citoyens Tanesse et Rothchild contre la sentence d'exclusion prononcée contre eux par la Commission des Conflits des Hautes-Pyrénées. (Rapporteur Ramadier). L'exclusion est rapportée et ces deux citoyens sont rappelés au respect des décisions fédérales.

III. — Appel du citoyen Mauranges contre une décision de la Commission des Conflits de la Seine. Cet appel est déclaré irrecevable, la peine n'étant applicable que sous condition.

IV. — Appel formulé par le citoyen Mouraire contre la sentence d'exclusion formulée contre lui par la Commission fédérale du Rhône. Le Commission Nationale des Conflits ne peut ratifier cette sentence et décide de continuer l'information.

Depuis, Mouraire aurait été à nouveau exclu par la fédération du Rhône, par une nouvelle décision, qu'il déclare n'avoir pas connue ; et l'information continue également de ce côté.

V. — Affaire Moutet-Fédération du Maroc. Après avoir entendu un remarquable rapport du citoyen Ramadier, la

Commission Nationale des Conflits adopte ce rapport, en fait sienne les conclusions ; elle déclare qu'il n'y a pas lieu de retenir la plainte de la Fédération du Maroc.

VI. — Appel du citoyen Guillot contre la sentence d'exclusion formulée contre lui par la Commission fédérale de la Loire. (Rapporteur Drouot). La Commission Nationale des Conflits adopte le rapport et ses conclusions et rapporte la sentence intervenue. Depuis, la Commission Nationale des Conflits a reçu avis de la Fédération de la Loire que le citoyen Guillot est resté en dehors du Parti lors du remaniement récent de la Fédération de la Loire.

VII. — Appel du citoyen Tourvielle contre la sentence d'exclusion dont il avait été frappé par la Fédération du Vaucluse (Rapporteur Wellhoff). La sentence est rapportée et Tourvielle est frappé d'un blâme.

VIII. — Appel Bos et Baudel contre l'exclusion prononcée contre eux par la Fédération du Cantal. Ces citoyens ont été mis en demeure de restituer d'abord à la Fédération du Cantal les fonds dont ils étaient détenteurs. Cet appel de la Commission Nationale des Conflits n'ayant pas été entendu, la Commission entérine la sentence prononcée contre les citoyens Bos et Baudel.

IX. — Appel de Cannone contre l'exclusion prononcée contre lui par la Fédération du Nord. L'appel est rejeté et la sentence confirmée.

X. — Appel Marc Barrion contre une décision de la Fédération de Seine-et-Oise le frappant d'un an de suspension de délégation. L'appel n'est par parvenu à la Fédération Nationale des Conflits dans les délais statutaires ; néanmoins, la Commission Nationale des Conflits a déclaré l'appel recevable, le retard apporté à cet appel n'étant pas le fait de Marc Barrion. La Commission a confirmé la sentence rendue par la Commission Fédérale de Seine-et-Oise.

Depuis, le citoyen Marc Barrion a tenu à rétablir certains faits dans une lettre dont le secrétaire par intérim lui a accusé réception.

XI. — Appel de la Section du Blanc contre une décision de la Fédération de l'Indre.

Le camarade désigné par la Section du Blanc n'ayant

pas le temps de présence réglementaire, la Commission Nationale des Conflits confirme les décisions prises par la Fédération de l'Indre.

Depuis sa dernière réunion, le secrétaire a reçu de nouvelles précisions de la Section du Blanc, dont communication sera donnée à la première réunion de la Commission Nationale des Conflits.

En outre, les informations continuent contre les appels suivants :

Fonteny contre une décision d'exclusion de la Fédération de la Seine.

Milou contre une décision de la Fédération de la Marne.

Renaitour contre une décision de la Fédération de l'Yonne.

Sezille contre une décision de la Fédération du Nord.

Mouret contre une décision de la Fédération de l'Aube.

Il en est de même pour la demande de contrôle déposée par le citoyen Maurin contre le citoyen Barabant, député de la Côte-d'Or ; aucun document concernant cette dernière affaire n'étant encore parvenue au secrétariat de la Commission Nationale des Conflits.

Pour le Secrétaire

Suzanne Buisson.

de la Commission Nationale des Conflits :

RAPPORT DU GROUPE PARLEMENTAIRE

Groupe Socialiste du Sénat

Le Groupe socialiste du Sénat s'est réuni une douzaine de fois, au cours de l'année écoulée, pour s'occuper de toutes les questions importantes figurant à l'ordre du jour de la Haute Assemblée.

Un de ses membres a toujours pris la parole pour fixer sa position dans toutes ces questions, et dans toutes il a, en général, conformé ses votes à ceux qui avaient été émis par les camarades députés sur le même objet.

Camille Reboul est intervenu dans le projet des Assurances sociales, et aussi dans la discussion du budget et dans les collectifs qui ont été présentés.

Brenier a aussi pris la parole pour faire la déclaration au nom du Groupe avant le vote du budget.

Betoulle est intervenu dans les différentes lois sur les loyers, et aussi dans le collectif de Mars, à propos de la taxe sur les farines. Il a pris la parole aussi, dans la loi du recrutement de l'armée, à propos du pourcentage établi pour les allocations. *Voilin* est intervenu aussi dans cette discussion.

Voilin a dirigé l'action du Groupe dans la discussion du projet sur l'organisation de la Nation en temps de guerre.

Auray et *Morizet*, qui fait partie du Groupe depuis deux mois, ont pris la parole dans la discussion du projet de loi sur les lotissements.

Les autres camarades ont fait dans diverses discussions des interventions intéressantes, et tous ensemble, dans leurs commissions respectives, ont suivi de près toutes les discussions, et notamment ont surveillé les projets de loi sur lesquels leur attention avait été particulièrement attirée, soit par le Parti, soit par la C. G. T., soit par des collectivités de travailleurs.

En résumé, on peut dire que leur action a été efficace dans un grand nombre de cas. Dans cette Assemblée parlementaire, dont le rôle est fortement contesté dans le Parti socialiste, il n'est pas mauvais qu'il y soit représenté le plus fortement possible, jusqu'au moment où la modification de la Constitution établira un régime parlementaire différent.

Le Secrétaire du Groupe socialiste au Sénat :

Camille Reboul,
Sénateur de l'Hérault.

RAPPORT SUR "LE POPULAIRE"

Au moment où l'Administrateur-Délégué du *Populaire* rédige son rapport — nous sommes fin mars 1928 — la situation financière du journal s'est beaucoup améliorée, si on la compare à celle de juin 1927.

L'historique de notre existence et de nos difficultés depuis janvier 1927 va donner à nos amis la possibilité de le constater.

Dès mai 1927, l'ancien *Populaire* commençait à donner quelques inquiétudes au Conseil d'Administration et de Direction.

La vente à Paris avait considérablement baissé, celle de Province était loin de donner les résultats attendus, et le nombre des abonnés fléchissait.

Aussi le Conseil d'Administration et de Direction décidait-il la suppression de la vente avec reprise des invendus en Province, puisqu'elle provoquait une perte d'environ 500.000 francs par an.

En même temps, il envisageait la réalisation d'économies sérieuses, afin d'atténuer un déficit qui devenait dangereux.

Il décidait, en outre, de lancer une grande souscription nationale.

En juillet et août, la situation empirait, malgré l'ouverture de la souscription.

Non seulement la vente à Paris continuait à diminuer, mais les abonnements tombaient de 19.320 au début d'avril à 16.487 au 31 août.

A cette époque, l'Administrateur-Délégué se demandait si le *Populaire* pourrait encore paraître en septembre.

Il fallait d'urgence intensifier la propagande en faveur de la souscription qui, seule, pouvait permettre de continuer la publication de l'organe central du Parti.

Le 4 septembre, la Commission Administrative plénière votait une série de vœux concernant le *Populaire*. Ils étaient soumis au Conseil d'Administration et de Direction au cours de sa séance du 7 septembre et celui-ci prenait immédiatement ses dispositions pour donner satisfaction à la C. A. P. élargie.

En mi-septembre, une amélioration marquée commence à se manifester dans la Trésorerie.

Le Parti a entendu nos appels.

La souscription a procuré 164.414 francs.

L'Administrateur-Délégué croit pouvoir affirmer au Conseil d'Administration et de Direction du 15 septembre, que si les rentrées de la souscription s'effectuent quotidiennement sur le même rythme, non seulement il parviendra à faire face aux échéances d'octobre, mais les mois de novembre et de décembre pourront être passés sans encombre.

Il ne dissimule pas, néanmoins, que la souscription n'est qu'un pis-aller.

Il est nécessaire, pour vivre, de trouver des lecteurs et d'empêcher les désabonnements qui peuvent se produire à l'échéance de fin janvier 1928, qui porte sur plus de 12.000 renouvellements. Il pense, en complet accord avec le Directeur Politique, qu'une transformation radicale du *Populaire,* tant dans sa présentation que dans sa rédaction, s'impose à bref délai.

A l'unanimité, le Conseil d'Administration et de Direction mandatent Blum, Compère-Morel et Paul Faure pour préparer et présenter au plus tôt un plan de réorganisation totale du *Populaire.*

Le 28 octobre, le Conseil d'Administration et de Direction se réunit.

L'Administrateur-Délégué expose les projets élaborés par la Commission nommée au cours de la dernière séance du Conseil.

Le 3 novembre, nouvelle réunion du Conseil d'Administration et de Direction qui décide que le *Populaire* paraîtra à grand format le 1er décembre, 4 fois par semaine à 6 pages et 3 fois à 4 pages.

La nouvelle rédaction est choisie et les traitements fixés.

Le 17 novembre 1927, l'Administrateur-Délégué fait connaître l'état de la Trésorerie.

La souscription atteint 331.436.80.

Le journal n'a rien à craindre pour décembre. Le nombre des abonnés augmente sensiblement.

Le Conseil d'Administration et de Direction décide qu'une distribution gratuite de 500.000 feuilles simples du journal sera faite à Paris pour lancer le nouveau *Populaire.*

Blum, Compère-Morel, Paul Faure et Renaudel sont mandatés pour aller parler du nouveau journal devant la Fédération de la Seine.

Compère-Morel donne connaissance au Conseil d'Administration et de Direction des chiffres concernant le nouveau *Populaire* qu'il fournira à cette réunion.

Les voici :

Combien nous coûtera un journal grand format à 6 pages quatre fois par semaine et à 4 pages trois fois par semaine, tirage 30.000 exemplaires.

En nous basant sur la vente actuelle et avec les prix de main-d'œuvre et de papier présents.

Administration : 10.300 francs par mois, et par an.............................. Fr.	123.600
Rédaction : 38.580 francs par mois, et par an	385.800
Charges et frais généraux de la Rédaction : 11.000 francs par mois, et par an..........	132.000
Frais généraux et timbres quittances : 2.200 francs par semaine, et par an............	114.400
Papier : 30.000 exemplaires 4 fois par semaine à 6 pages, soit 120.000 exemplaires à 104 fr. les 1.000 feuilles : 12.480 ; 30.000 exemplaires 3 fois par semaine à 4 pages, soit 90.000 exemplaires à 69 fr. les 1.000 feuilles : 6.210, soit 18.690 fr. par semaine, et par an......	971.880
Imprimerie : 25.000 à 6 pages 2.354 + 5.000 à 10 fr. pour 4 jours : 9.616 ; 25.000 à 4 pages 1.772 + 5.000 à 7.50 pour 3 jours : 5.248.50 ; 9.616 + 5.428,50 = 15.044,50 × 52 semaines par an	782.314
Frais retour bouillons : 180 fr. par semaine, et par an	9.360
Impôts, Service des Titres, Remboursement et Intérêts des Prêts : 2.000 fr. par semaine, et par an	104.000
TOTAL................ Fr.	2.623.354

A combien revient le numéro ?

30.000 numéros par jour×365=10.950.000 exemplaires.

2.623.354 francs : 10.950.000 exemplaires, le numéro nous revient, en chiffre rond, à 24 *centimes* 04.

Combien la vente nous rapporte-t-elle ?

Voyons d'abord ce que nous touchons par numéro :

A l'abonnement : A raison de 90 francs par an, le numéro nous rapporte 25 centimes, dont il faut défalquer, pour le *port*, le *pliage*, la *mise sous bande*, l'*expédition* : 4 centimes. — 25 centimes—4 centimes, nous touchons net par numéro........................ Cent. » 21

A Paris : Le cent est vendu à Paris 22 fr. 50. Mais nous avons à payer les frais de distribution pour 3.000 : 75 francs ; le mille, ou fraction de mille, en plus de trois à cinq mille : 6 francs ; par mille ou fraction de mille au-dessus de cinq mille : 5 francs, soit 98 francs pour une distribution de 6.000 numéros ; si nous répartissons ces 98 francs sur les 3.000 numéros vendus, ces derniers nous coûtent donc 3 centimes 26 de distribution.

22 cent 5—3 cent. 26, soit net............ Fr. ».19.24

En Banlieue : Le 100 est vendu 22 fr. 50, mais nous payons pour les *frais de transport* et de *distribution* : 5 fr. 18 le cent pour 30 gr. (4 pages) ; 6 fr. 25 le cent jusqu'à 45 gr. (6 pages).

Le numéro à 6 pages nous rapporte donc 16 cent. 25. Le numéro à 4 pages 17 cent. 82, soit une moyenne d'environ .... Fr. ».16.735

En Province : Le 100 est vendu 21 fr. Mêmes frais de transport que pour la banlieue : le numéro à 6 pages nous rapporte 14 cent. 75 ; le numéro à 4 pages : 15 c. 82, soit en moyenne .... Fr. ».15.285

Retour des Bouillons : 54 francs les 100 kilos.

Ainsi, si nous vendions les 30.000 exemplaires, ce qui n'est pas le cas, vous allez le voir, nous perdrions :

Sur un abonné..........................	3 *centimes*
Sur un lecteur de Paris..................	4 *cent.* 80
Sur un lecteur de la banlieue..............	7 *cent.* 255
Sur un lecteur de province................	8 *cent.* 755

Combien vendons-nous présentement ?

Abonnés	Fr.	16.750
Paris		3.000
Province et bibliothèques		4.608
Banlieue		600
TOTAL	Fr.	24.958

Ce qui nous fait en recettes

Abonnés : 16.750 à 20 centimes	Fr.	3.517 50
Paris : 3.000 à 19 cent. 24		577 20
Province et bibliothèques : 4.608 à 15 cent. 285		704 33
Banlieue : 600 à 16 cent. 785		100 71
TOTAL		4.899 74

4.899 fr. 74 de recettes par 365 jours, c'est donc une recette annuelle de .... Fr. 1.788.908 80

Dépenses : 2.623.354 francs—1.788.405 fr. 10. Déficit : 834.948 *fr.* 90.

Reste notre publicité, qui vient diminuer notre déficit.

Le 21 décembre 1927, l'Administrateur-Délégué donne lecture : 1° du Bilan ; 2° du détail des Pertes et Profits ; 3° du Compte d'exploitation à fin novembre de l'ancien *Populaire*.

Elle est présentement de 2.000 francs par semaine, soit	Fr.	104.000
Vente bouillons à 30 francs les 100 kilos		13.100
Total	Fr.	117.100

834.948—117.100= 717.848 francs.

Pour diminuer ce déficit, il faudrait que le prix de revient du numéro baissé par un tirage supérieur.

En accroissant notre tirage, nous n'augmenterions pas nos dépenses en conséquence.

Nous n'aurions qu'une augmentation des postes papier et impression.

Que nous coûte le papier et que nous coûte l'impression ?

Papier : 10 cent. 4 pour 6 pages ; 6 cent. 9 pour 4 pages.

Impression : 1 centime pour 6 pages ; 0 cent. 75 pour 4 pages.

10 cent. 4+1 cent. =11 *cent.* 4 *pour* 6 *pages.*
6 cent. 9+0 cent. 75= 7 *cent* 65 *pour* 4 *pages.*

Chaque abonné en plus ne nous coûterait que 11 cent. 4 pour 6 pages et 7 cent.64 pour 4 pages, plus 4 centimes d'*envoi*, clichage, etc., soit :

15 cent. 4 pour 6 pages.
11 cent. 64 pour 4 pages.

Comme l'abonnement nous rapporte 25 centimes. nous aurions, pour chaque numéro tiré en plus des 16.750 abonnés présents, un bénéfice de :

25 cent.—15 cent. 4= 9 *cent.* 6 *pour* 6 *pages...*
25 cent.—11 cent. 64=13 *cent.* 36 *pour* 4 *pages.*

Chaque numéro *vendu à Paris* ne nous coûterait plus que :

11 cent. 4 pour 6 pages.
7 cent. 64 pour 4 pages.

plus 3 cent. 2 de frais de distribution, soit : 14 cent. 6 à 6 pages, et 10 cent. 84 à 4 pages.

Chaque numéro vendu nous rapportant 22 cent. 50, nous aurions un bénéfice de 22 cent. 5—14 cent. 6=7 *cent.* 9 *pour* 6 *pages,* et de 22 cent. 5—10 cent. 84=11 *cent.* 66 *pour* 4 *pages.*

Chaque numéro *vendu en banlieue* ne nous coûterait plus que :

11 cent. 4 par 6 pages.
7 cent. 64 pour 4 pages.
plus 6 cent. 25 de frais pour 6 pages.
5 cent. 18 de frais pour 4 pages.
11 cent. 4+6 cent. 25=17 *cent* 65 *pour* 6 *pages.*
7 cent. 64=5 cent. 18=12 *cent.* 82 *pour* 4 *pages.*

Chaque numéro vendu en banlieue nous rapportant 22 cent. 50 :

22 cent. 5—17 cent. 65=4 *cent* 85 *pour* 6 *pages.*
22 cent. 5—12 cent. 82=9 *cent.* 68 *pour* 4 *pages.*

Chaque numéro *vendu en province* ne nous coûterait plus que :

11 cent. 4 pour 6 pages.
7 cent 64 pour 4 pages.

plus les mêmes frais qu'en banlieue :

6 cent. 25 pour 6 pages, soit 17 cent. 65.
5 cent. 18 pour 4 pages, soit 12 cent. 82.

Chaque numéro vendu en province nous rapportant 21 centimes :

21 cent.—17 cent. 65=3 *cent.* 35 *pour* 6 *pages.*
21 cent.—12 cent. 82=8 *cent.* 18 *pour* 4 *pages*

Le 21 décembre 1927, l'Administrateur-Délégué donne lecture : premièrement du Bilan; deuxièment du détail des Pertes et Profits et troisièment du Compte d'Exploitation à fin novembre de l'ancien *Populaire*.

BILAN AU 30 NOVEMBRE 1927

ACTIF

Immobilisé :		
Matériel et Mobilier . . . . . Fr.		27.372 25
Valeur du Journal		1.000 »
Frais constitution.		11.048 60
Lancement et développement . . .		170.772 84
Frais d'installation		35.257 10
Disponible :		
Caisse		240.648 »
Banque des Coopératives		54.587 40
Réalisable :		
Débiteurs divers		5.598 15
Ancien *Populaire*.		346.195 94
Loyer d'avance		25.000 »
Dépôts et cautionnements.		80 »
Annonciers.		54.657 05
Hachette et Cie		62.679 14
L'Œuvre		146 960 05
		1.181.857 12
Pertes et Profits :		
Ancien.	1.933.201 25	2.414.692 33
En 1927.	481.491 08	
Total . . . . Fr.		3.596.549 45

PASSIF

Envers lui-même :	
Capital { Actions. . . . . . . Fr.	530.000 »
Capital { Obligations.	59.675 »
Capital ancien *Populaire*	102.025 »
Envers des tiers :	
Non exigible :	
Actionnaires éventuels	201.800 »
Abonnés	286.950 40
Exigible :	
Parti socialiste	1.141.645 79
Loyer	5.316 45
Souscriptions { Amis Constants .	41.795 25
Souscriptions { Remboursables. .	168.037 60
Souscriptions nouvelles.	385.458 »
Fédération de la Seine	200 »
Rédacteurs	7.000 »
Personnel administration	2.600 »
Coupons à payer	36.316 66
Boas	97.571 25
Messageries Hachette.	30.320 80
Créditeurs divers.	68.055 85
Fédérations coopératives d'Anvers.	125.000 »
Parti ouvrier belge	240.000 »
Créditeurs div., ancien *Populaire*.	62.781 85
Société Génér., — — .	4.099 55
Total . . . . Fr.	3 596 549 15

PERTES ET PROFITS AU 30 NOVEMBRE 1927

DÉBIT

Administration	Fr.	116.714 40
Rédaction		372.475 50
Frais généraux		55.193 66
Papier		957.921 85
L'Œuvre indemnité		98.752 55
Départ		318.541 10
Imprimerie		784.634 35
Frais de vente		30.491 30
Frais d'expédition		268.081 50
Bouillons		650.108 18
Frais retour bouillons		33.646 72
Total	Fr.	3.686.561 11

CRÉDIT

Intérêts sur compte-courant	Fr.	2.409 74
Souscriptions		190.646 55
Publicité		187.582 45
Abonnements		1.209.895 14
Vente		1.447.020 95
Recettes (gain sur obligations rachetées)		12.925 »
Exceptionnelles		154.590 20
		3.205.070 03
Solde débiteur ou pertes en 1927 :		
Bi-mensuel	279.776 25	481.491 08
Quotidien	201.714 83	
Total	Fr.	3.686.561 11

COMPTE D'EXPLOITATION EN 1927 (Charges)

	JANVIER	FÉVRIER	MARS	AVRIL	MAI	JUIN
Administration	8.690 »	11.005 »	10.575 »	12.567 25	10.450 »	10.712 50
Rédaction	17.839 70	30.803 15	39.723 »	39.551 50	36.243 15	39.793 35
Départ (mensuel)	9.346 55	9.103 10	9.150 30	4.319 05	4.314 55	4.269 80
— (quotidien)	7.256 10	23.904 50	26.384 75	24.630 05	24.396 70	23.956 60
Frais généraux	9 847 80	5.541 25	7.315 45	5.387 20	9.649 20	4.026 49
Papier	64.126 65	130.466 45	127.846 35	106.556 95	89 704 15	68.721 60
Impression	29.519 25	77.190 65	84.970 50	82.756 35	78.206 95	77 810 20
Frais vente Paris	1.193 50	2.931 »	3.007 »	2.910 »	2.910 »	3.234 »
— d'expédition	24.360 60	51.660 60	48.336 70	34 410 90	35.489 15	12.633 35
— retour Bouillons	4.519 80	8.685 95	6.302 80	5.419 87	3.063 95	1.622 70
Totaux	176.699 95	351.291 65	363.611 85	318.509 12	294.427 80	246.780 59

	JUILLET	AOUT	SEPTEMBRE	OCTOBRE	NOVEMBRE	DÉCEMBRE
Administration	10.791 65	10.445 »	10 125 »	10.679 »	10.674 »	
Rédaction	38.014 »	30.010 05	25.337 25	29.413 45	46.146 90	
Départ (mensuel)	4.255 75	4.561 50	9 106 »	9.155 65	9 070 55	
— (quotidien)	24.739 25	22.811 »	20.790 »	21.679 10	21.250 25	
Frais généraux	4.222 »	4.764 70	5 137 11	4.000 30	9.309 90	
Papier	72.147 25	62.750 65	70.713 90	70.497 95	65.755 75	
Impression	73 446 50	70.090 20	71 221 35	70.798 50	68.623 90	
Frais vente Paris	3.007 »	2 872 »	2 [illegible]06 50	2.860 30	2.760 »	
— d'expédition	12 405 75	12.624 »	42.090 60	12.275 65	12.100 »	
— retour Bouillons	952 »	751 15	907 20	732 25	700 »	
Totaux	243 981 15	221.680 55	228.324 91	232.092 15	246.391 25	

COMPTE D'EXPLOITATION EN 1927 (Produits)

	JANVIER	FÉVRIER	MARS	AVRIL	MAI	JUIN
Abonnements	33.844 80	102.720 80	120.402 85	114.195 95	112.173 35	112.057 40
Publicité	11.582 30	18.067 65	25.824 »	21.286 05	18.250 00	15.617 55
Vente au numéro	2.484 60	163 »	89 50	60 »	16 35	47 »
— à Paris	12.772 10	26.395 40	26.475 50	23.215 70	22.599 35	22.859 10
— Bibliothèques	9.875 05	23.255 »	23.458 45	16.217 25	11.590 95	13.534 30
Hachette Messageries	16.980 »	43.053 15	63.055 30	45.240 02	68.293 30	10.549 50
Vente Bouillons	»	2 199 50	5.940 70	7.081 30	4.975 95	453 75
TOTAUX	87.538 85	215.854 50	265.246 15	227.292 27	237.890 15	175.118 60
Perte mensuelle	**89 161 10**	**135 437 15**	**98.365 70**	**91.216 85**	**56.537 65**	**71.661 99**

	JUILLET	AOUT	SEPTEMBRE	OCTOBRE	NOVEMBRE	DÉCEMBRE
Abonnements	111.541 95	117.679 95	108.478 65	101.757 60	112.163 60	
Publicité	16.672 40	6 231 30	10.449 20	18.085 40	25.515 70	
Vente au numéro	141 »	205 85	1.640 »	219 25	337 »	
— à Paris	21.020 15	18.146 25	17.505 05	20 110 05	19 584 10	
— Bibliothèques	15.303 75	16.649 45	10.564 85	12.291 95	11 580 »	
Hachette Messageries	20.224 15	20.794 70	22.463 »	23.178 05	22 680 »	
Vente Bouillons	4.271 20	2.500 »	2.971 85	7.197 45	2.002 40	
TOTAUX	194.174 60	182.207 50	174.075 60	182 839 75	193 862 80	
Perte mensuelle	**49.806 45**	**39 473 05**	**54.24 9 31**	**49.252 40**	**52.528 45**	

PERTE ANNUELLE : Résultat	**787.690 20**
Il faut ajouter manquant papier	17.550 »
DÉFICIT D'EXPLOITATION	**805 240 20**

Le montant de la souscription est à ce jour de 458.121 francs.

L'Administrateur-Délégué porte à la connaissance du Conseil d'Administration et de Direction le détail des abonnements qui arrivent à échéance le 31 janvier 1928 :

12 mois	6 mois	3 mois	1 mois	Total
7.609	2.723	2.492	16	12.840
684.810	130.704	62.300	128	877.942

Si, comme il le pense, le journal donne satisfaction, le renouvellement se fera dans de bonnes conditions. Mais cela ne suffira pas.

Il faut que le Parti décide au Congrès de Noël de faire un effort sérieux en faveur du *Populaire*.

Si cet effort se manifeste par un versement de 400 à 500.000 francs, la vie du *Populaire* sera assurée parce que l'on pourra trouver une somme équivalente dans l'augmentation des abonnés et de la publicité.

On sait que le Parti n'a pas failli à son devoir.

Le 21 février 1928, l'Administrateur-Délégué ayant en mains tous les renseignements concernant les recettes et ls dépenses du premier mois d'existence du nouveau *Populaire*, donne le résultat du compte d'exploitation de décembre 1927.

COMPTE D'EXPLOITATION (Décembre 1927)

CHARGES		PRODUITS	
Administration . . . . Fr.	11.657 25	Abonnements . . . . Fr.	132.483 85
Rédaction	36.831 15	Publicité.	29.753 55
Départ { Bi-mensuel	9.005 50	Vente au numéro.	730 45
Départ { Quotidien.	22 569 80	Vente Paris	25.486 05
Frais généraux.	11.529 28	Vente Hachette { Bibliothéque . . .	11.766 95
Papier	113.271 20	Vente Hachette { Messageries . . .	26.665 70
Imprimerie.	80.358 15	Vente bouillons	3.992 20
Frais vente Paris.	3.831 »		230.878 75
Frais d'expédition	16.398 75	Pertes.	77.026 53
Frais retour bouillons	2.453 20		
	307.905 28		307.905 28

	Vente Paris	Hachette — Bibliothèques	Hachette — Messageries
	—	—	—
Remis.	68.388 75	28.446 60	39.579 60
Rendus	42.902 70	16.679 65	12.913 90
	25.486 05	11.766 95	26.665 70

A Paris, ainsi qu'en province, plus de baisse ; tout au contraire, légère augmentation dans la vente. Quant aux abonnements, la progression est constante.

Abonnés

Avril :	Début	19.390
—	Fin	19.320
Mai :	Début	19.346
—	Fin	18.851
Juin :	Début	18.773
—	Fin	18.616
Juillet :	Début	18.620
—	Fin	18.223
Août :	Début	18.144
—	Fin	16.487
Septembre :	Début	16.487
—	(9)	16.237
—	Fin	16.389
Octobre :	Début	16.389
—	Fin	16.648
Novembre :	Début	16.702
—	Fin	16.936
Décembre :	Début	16.972
—	(17)	17.380
—	(18 et 19)	17.410

Quant à la Trésorerie, elle est excellente.

Puis c'est Février et finalement Mars.

Le journal tient sa promesse.

Il donne satisfaction à tous.

La prospection parmi les membres du Parti, en vue de trouver des abonnés, a commencé. Des abonnements nouveaux sont souscrits : Début Janvier, 17.811 ; Début Février, 18.590 ; Début Mars, 19.747.

Notre échéance des 12.000 abonnés de fin janvier triomphale !

Les défections anodines.

*
* *

Mais notre tâche n'est pas terminée.

La vente du *Populaire* doit se développer à Paris. Nous devons faire tous les efforts nécessaires dans ce sens.

Certes, la situation n'est plus la même qu'avant 1914. Notre ancien quotidien, *l'Humanité,* bénéficie de ses trente années d'existence et de la vitesse acquise. De plus, des journaux de gauche existent, ont une clientèle. En outre, les ravages du bolchevisme sont si grands, si profonds à Paris et dans la banlieue, que l'action de notre Fédération s'en ressent.

Il faudrait faire de la publicité, mais celle-ci est énormément coûteuse, et son budget, chez nous, est inexistant.

On a même le droit, à la réflexion, de se demander par quel tour de force, par quel miracle, nous sommes arrivés à posséder un journal aussi bien fait, aussi bien rédigé que *le Populaire,* quand on juge que nous l'avons lancé avec une poignée de billets de mille francs, qui ne représente même pas la dépense que nous aurait coûté un affichage très ordinaire dans Paris.

Il faudrait néanmoins agir pour augmenter notre vente sur place.

Nous nous efforcerons d'en trouver les moyens.

Nous nous permettons aussi d'attirer l'attention de nos amis sur la nécessité d'augmenter encore le nombre de nos abonnés.

Tout en reconnaissant que le chiffre atteint est déjà élevé, nous ne devons pas nous dissimuler qu'il pourrait encore être de beaucoup supérieur.

A une condition, c'est que les secrétaires des sections se mettent sérieusement à l'œuvre.

Il nous aurait été impossible de leur demander cet effort avec notre ancien journal. Il ne se prêtait en rien à une prospection sérieuse et à une diffusion rapide. Mais aujourd'hui, il n'est est plus de même.

Notre nouveau *Populaire* soutient la comparaison.

Il tient dignement sa place dans la presse. Il suffit de le voir et de le lire pour l'apprécier.

Que tous les secrétaires de Sections fassent donc de la propagande en sa faveur ; qu'ils nous donnent des adresses pour des services gratuits momentanés ; qu'ils fassent venir des tracts pour les distribuer ; qu'ils profitent de toutes les réunions pour nous demander des invendus, afin de les donner : *nous sommes tout à leur disposition, il suffit qu'ils nous écrivent et nous parlent.*

Si demain, nous possédions 25.000 abonnés et doublions notre vente à Paris, non seulement l'existence du *Popu-*

laire serait définitivement assurée, mais il nous serait encore possible de l'améliorer.

Nous commencerions, par exemple, à le mettre quotidiennement à six pages, le système de six pages quatre fois par semaine et des quatre pages les lundi, mardi et jeudi ne nous permettant pas de publier des chroniques régulière sur les sports, la médecine, etc., comme nous voudrions le faire, en même temps qu'il nous oblige à réduire certaines informations.

Oui, le *Populaire* est bien, très bien présentement, mais nous devons, nous pouvons faire mieux.

Il appartient aux membres de nos groupes et de nos Sections de nous en donner les moyens.

Pour cela, rien de plus facile. Il suffit qu'ils s'abonnent et trouvent des abonnés autour d'eux.

Nous avons à cet effet commencé la prospection dans leurs rangs. Les Fédérations de l'Ain, Aisne, Allier, Basses-Alpes, Hautes-Alpes, Alpes-Maritimes, Ardèche, Ardennes, riège, Aube, Aude et Aveyron ont déjà été touchées.

Voici comment nous opérons :

Nous prenons la liste des membres d'une Fédération déterminée, et nous envoyons *le Populaire* gratuitement à tous pendant un certain laps de temps. Nous leur adressons ensuite la lettre suivante :

« Mon Cher Camarade,

« Désirant vous donner la possibilité d'apprécier la valeur de notre nouveau *Populaire*, nous vous avons fait le service gratuit pendant une quinzaine de jours.

« Vous avez pu juger ainsi qu'il était absolument complet, tant au point de vue de l'information illustrée que de la politique, et qu'il entrait désormais dans la catégorie des grands journaux quotidiens.

« Connaissant votre dévouement à notre Parti, nous venons vous demander maintenant s'il ne vous serait possible de vous y abonner soit pour un an (90 francs), soit pour six mois (48 francs), soit pour trois mois (25 francs).

« Outre que cet abonnement vous permettra de vous tenir au courant de tout ce qui intéresse le Socialisme et vous renseignera, ainsi que votre famille, sur l'ensemble des événements qui passionnent l'opinion publique, il vous donnera cet avantage de pouvoir participer à un grand concours, dont la valeur des prix dépasse 200.000 francs.

« Pour vous permettre de nous envoyer votre abonnement, vous trouverez, sous ce pli, une formule de chèque-postal que vous voudrez bien remplir et nous retourner.

« Croyez, Cher Camarade, en nos sentiments socialistes. »

Et à ceux qui ne nous répondent pas dans la quinzaine, une traite postale leur est présentée.

Certes, l'Administration s'impose là un gros et coûteux travail, mais c'est grâce à ce travail aussi lourd qu'onéreux que le nombre des abonnés augmente.

Aussi, demandons-nous aux militants de nous aider pour mener à bien l'œuvre poursuivie, et cela dans la mesure où ils le peuvent.

Quel est celui d'entre eux qui s'y refuserait quand ils savent tous que la presse est, présentement, la plus solide et la plus efficace des armes qu'un Parti puisse posséder ?

COMPÈRE-MOREL.

P.-S. — Au moment où je termine ce Rapport pour le remettre dans les mains du Secrétariat du Parti, les documents qui nous parviennent nous permettent de donner ici le Compte d'Exploitation de Janvier 1928. Je n'ai pas le temps de le commenter. Je me contente de signaler que les opérations de ce mois ont été particulièrement bonnes, puisque nos pertes ont sensiblement diminué.

COMPTE D'EXPLOITATION (Janvier 1928)

CHARGES		Fr.	PRODUITS		Fr.
Administration		12.670 »	Abonnements		139 683 35
Rédaction		45 900 25	Publicité		22.565 75
Départ	Bi-mensuel	4.498 20	Vente au numéro		630 20
	Quotidien	26.573 »	Vente Paris		24.985 95
Frais généraux		9.215 24	Vente Hachette	Bibliothèque	16.476 80
Papier		96.196 95		Messageries	32.636 75
Imprimerie		78.365 85	Vente bouillons		4.397 40
Frais vente Paris		3.152 »			241.376 20
Frais d'expédition		16 269 80		Pertes	52 883 69
Frais retour bouillons		1.418 60			
		294.259 89			294.259 89

	Vente Paris	Hachette — Bibliothèques	Hachette — Messageries
Remis	47.304 »	27.208 »	38.315 75
Rendus	22 318 05	10 731 20	5.670 »
	24.985 95	16 476 80	32.636 75

[illegible] (**Paul**). — Le droit à la paresse........ 0 90

[illegible] et **JAURES**. — Idéalisme et matérialisme 1 15

[illegible] Les Assurances sociales en France et le Parti Socialiste........................ 0 45

Les dix, **3** francs ; le cent, **26** francs.

[illegible] Sur l'ordre de Moscou, Comment les Communistes ont brisé l'unité................ 0 45

Les dix, **3** francs ; le cent, **26** francs.

[illegible]MBOURG (**Rosa**). — La Révolution russe...... 0 90

Les dix, **5** fr. **75** ; le cent, **45** francs.

[illegible] et **PAUL-BONCOUR**. — Le Désarmement général 1 25

Les dix, **11** francs ; le cent, **65** francs.

MOCH (**Jules**). — Le Parti Socialiste et la politique financière 3 25

[illegible] (**Pierre**). — Pour un programme d'action. — Pour l'Unité Internationale........ 0 65

Les dix, **5** fr. **75** ; le cent, **45** francs.

SIXTE-QUENIN. — La Défense Nationale et l'Unité socialiste 0 65

[illegible] Le Programme du Parti socialiste............. 1 65

CHANSONS DIVERSES

L'Internationale. — **Le Drapeau rouge.** — **Les Coquelicots** — L'Insurgé. — **La Marche du 1er Mai.** — **La Complainte du Prolétaire**, etc., l'exemplaire.... 0 15

Les dix, **1** fr. **25** ; le cent, **10** francs.

MEDAILLES-BRELOQUES

De Jaurès, vieil argent et doré...................... 2 »

De Guesde, vieil argent et doré...................... 1 50

Épingles de cravate de Guesde et Jaurès............ 1 50

(Prix spécial en nombre).

DRAPEAUX ET INSIGNES à prix modérés

CARTES POSTALES

De Guesde, Jaurès, Vaillant, Sembat, Bebel, Karl Marx, Liebknecht, B. Malon, Ingbels, Rosa Luxembourg, Léon Blum, Paul Faure............... l'une 0 15

La série de douze : 1 fr. 50 ; les cinquante, 5 fr. 50

La série de douze **1.50** ; les cinquante, **5.50** :

[illegible] le mille, **80** francs.

[illegible] sur soie artistique [illegible] 2 [illegible]

PORTRAITS ARTISTIQUES

[illegible]

BIBLIOTHEQUE NATIONALE

SERVICE DES NOUVEAUX SUPPORTS

58, rue de Richelieu, 75084 PARIS CEDEX 02 Téléphone 266 62 62

Achevé de micrographier le 5 / 9 / 1977

Défauts constatés sur le document original

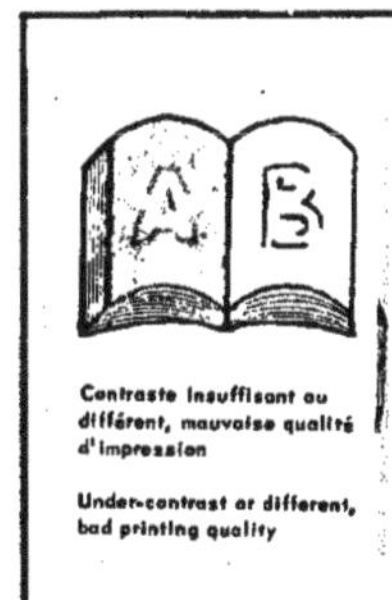

www.ingramcontent.com/pod-product-compliance
Ingram Content Group UK Ltd.
Pitfield, Milton Keynes, MK11 3LW, UK
UKHW021602260726
13993UKWH00002B/994

9 782329 177915